Frauenleben

FRAUENBIBELARBEIT

Herausgegeben von
Bettina Eltrop und Anneliese Hecht

Band 2

FRAUEN
-leben

Verlag Katholisches Bibelwerk Stuttgart
Klens Verlag Düsseldorf

Die Deutsche Bibliothek – CIP-Einheitsaufnahme

Frauenleben / Bettina Eltrop ; Anneliese Hecht (Hrsg.) –
Stuttgart : Verl. Kath. Bibelwerk, 1999
   (FrauenBibelArbeit ; Bd. 2)
   ISBN 3-460-25282-0

Umschlaggestaltung: Jutta Bost, Ostfildern
Titelfotos: links: Willi Stolz; Mitte: Hilde König; rechts: Wolf Krabel S.
Druck: Wilhelm Röck, Weinsberg

ISBN 3-460-25282-0 (Verlag Katholisches Bibelwerk)
ISBN 3-87309-158-5 (Klens Verlag)

Inhaltsverzeichnis

„Ehefrau von ..." – „Tochter von ...", „Mutter von ..." Wer das Inhalts-verzeichnis liest, mag sich fragen: Läßt sich Frauen-Leben nur so be-schreiben – als „Frau von"?! Werden Frauen wirklich so von anderen Menschen her bestimmt? Und zwar meist: von Männern her – von ihrem Vater, ihrem Ehemann, ihrem Sohn? Prägen Männer das Frau-en-Leben? Ja und nein, denke ich.

Ja – denn über viele Jahrhunderte war „Frau" nicht viel ohne die Männer in ihrer Umgebung. Ehemann, Vater oder Sohn gaben ihrem Leben „den Takt an". Die Frauen der Bibel waren von diesen Abhän-gigkeiten geprägt und zeigen uns, wie sie ihr Leben in diesen Männer-Bahnen gestalteten – und gestalten konnten.

Und die andere Antwort gilt auch: Nein, nicht die Männer prägen das Frauen-Leben. Bereits die Frauen der Bibel suchten und fanden Räume jenseits der Männerwelt. Sie haben schon zu ihrer Zeit die vor-gezeichneten Bahnen verlassen und Frauen-Leben neu gefüllt. Es ist spannend, sie dabei zu beobachten! Und wir erhalten manche Anre-gung von ihnen.

Heute werden Frauen mehr als damals für sich wahrgenommen. Aber sie leben weiterhin in Beziehungen. Wir sind ja keine Einzel-, sondern Gemeinschaftswesen! Wir bleiben Tochter oder Mutter oder Schwester – und das prägt unser Leben. Wir müssen diese Beziehun-gen (zu Männern wie zu Frauen) gestalten, dabei Schwierigkeiten angehen und ein gutes Miteinander erreichen. Dabei stehen uns die biblischen Frauen als Freundinnen zur Seite: was sie erfahren haben, welche Ideen sie hatten und welche Lösungen sie fanden, das kann uns weiterbringen!

Seien Sie also gespannt auf die Frauen, die Sie in diesem zweiten Band „FrauenBibelArbeit" treffen: auf die Töchter und Mütter, die Ehefrau-en und Geliebten!

Annegret Puttkammer

Irmtraud Fischer

Zweiklassengesellschaft

Frauenleben im Spiegel des Alten Testaments

Die Vorstellungen darüber, wie Frauen in alttestamentlicher Zeit lebten, ist bei heutigen Menschen häufig nicht so sehr vom Bibellesen bestimmt, sondern viel mehr durch Bibelfilme und Bibelillustrationen: Im romantisierenden orientalischen Stil sollen schwarz gekleidete, verhüllte Beduinenfrauen beim Brotbacken und Schafehüten die biblischen Frauengeschichten veranschaulichen. Was jedoch die Bibel selber über Frauenleben erzählt, ist viel bunter als diese stereotypen Bilder.

Ehe: Die normale Lebensform für Frau und Mann

Heiraten und Kinder zu bekommen war der vorgezeichnete Lebensweg der Menschen in biblischer Zeit. Sexuelle Enthaltsamkeit kennt das AT nur zeitlich begrenzt, nicht aber als Lebensentscheidung. Für ein Single-Dasein gab es in alttestamentlichen Zeiten keinen gesellschaftlichen Rahmen: Junge Männer und Frauen wurden bald nach der Geschlechtsreife von ihren Eltern verheiratet. Die von den Eltern eingefädelte Ehe war wohl – ähnlich wie in Europa bis ins vorige Jahrhundert – der Normalfall. Aber es gab sicher auch die Möglichkeit von Liebesheiraten (vgl. Gen 29,18) und freier Partnerwahl. Die junge Frau zog mit der Eheschließung normalerweise in das Haus des Mannes, wodurch der Familie der Braut eine Arbeitskraft verlorenging. Der Bräutigam hatte daher einen Brautpreis an die Familie seiner Frau zu erstatten, der als eine Art Ausgleichszahlung zu verstehen ist und nicht als Hinweis auf den Kauf einer Frau. Kulturen mit einer gegenteiligen Regelung, die eine Mitgift von der Familie der Frau verlangen, damit sie überhaupt vom Mann geheiratet wird, lassen häufig auf einen geringeren Sozialstatus von Frauen schließen (vgl. die Mitgiftmorde im heutigen Indien).

Kinder: Die Freude der Eltern und deren Sozialversicherung

Kinder waren in der Kultur Alt-Israels immer willkommen. Bedenkt man das damalige soziale Versorgungssystem, das wir heute noch in vielen Gesellschaften der Welt finden, so wird dies um so klarer: Es gab weder Kranken- noch Sozialversicherung. Wenn die Eltern alt oder krank geworden waren und sich selber durch ihrer Hände Arbeit nicht mehr erhalten konnten, hatten die Söhne für Vater und Mutter zu sorgen (vgl. das 4. Gebot). Aus dieser sozialen Ordnung wird es verständlich, warum nach dem biblischen Befund auch für Frauen der Wunsch nach einem Sohn zentraler war als der Wunsch nach einer Tochter: Töchter verlassen mit der Heirat die eigene Familie. Sie versorgen daher im Alter die Eltern des Ehemannes. Söhne jedoch bleiben in der Familie und sind für den Lebensunterhalt der eigenen Eltern verantwortlich. Keinen Sohn zu haben, bedeutete daher damals soviel wie heute keine Sozialversicherung zu haben. Theologisch gesprochen sind Kinder ein realer Ausdruck des Segens Gottes (vgl. Gen 1,28). Jedes Kind ist ein Erweis dafür, daß Gott treu zur Volks- und Mehrungsverheißung steht.

Sexualität: Nicht bloß auf Kinder hingeordnet

Dennoch läßt sich aus den alttestamentlichen Texten zeigen, daß das Eheleben nicht nur auf Kinder hingeordnet war. Sexualität genußvoll zu erfahren, wird als eigenständiger Wert wahrgenommen. Vor allem das Hohelied der Liebe, aber auch erzählende Texte (vgl. 1 Sam 1,8) und die Weisheit (vgl. Spr 5,15–20; Koh 9,9) wissen um die erotische Anziehungskraft zwischen den Geschlechtern und fordern zum Genuß der körperlichen Liebe und zur sinnlichen Freude aneinander auf. Im Hohenlied ist an keiner einzigen Stelle ausdrücklich von Ehe und Nachkommenschaft die Rede. Was besungen wird, ist die Faszination der Liebe zwischen Frau und Mann, unabhängig von gesellschaftlichen Normen oder gar Sittsamkeitsvorstellungen bezüglich des weiblichen Geschlechts. Die junge Frau gibt ihrem Begehren ebenso Ausdruck wie der Mann. Sie beschreibt seinen ersehnten Körper genauso bildreich wie der Mann jenen seiner Geliebten.

Mißlingen der Geschlechterbeziehung: Streit und Gewalt

Aber das Erste Testament weiß nicht nur von den Freuden der Liebe. Es ist auch in der Einschätzung mißlingender Beziehungen wirklichkeitsnah. Es weiß von mühsam gelebter Ehe, die in einem täglichen Kleinkrieg endet (vgl. Spr 19,13; 25,17; Sir 25,8–23), von unerwiderter Liebe (vgl. Gen 29,31ff; 2 Sam 3,16) und sogar brutaler Ausnutzung einseitiger Zuwendung (vgl. Gen 3,16) bis zu gewissenloser Preisgabe von Frauen und Vergewaltigung (vgl. Gen 12,10ff; 34; 2 Sam 13; Ri 19). Viele Frauen von heute sind schockiert, solche Geschichten und Aussagen in der Bibel zu finden, zumal Gewalttat an Frauen nicht immer eindeutig negativ gebrandmarkt wird. Aber das Alte Testament verschweigt eben keine Facette menschlichen Lebens und hält mit diesen Texten das Leidensgedächtnis von Frauen durch die Geschichte hin wach. Ein Verschweigen des bis in unsere heutige Zeit drängenden Problems der strukturellen, physischen und psychischen Gewalt gegen Frauen würde Frauen ein weiteres Mal entrechten, weil es nicht nur das Unrecht unsichtbar machen würde, sondern auch den Tätern die Möglichkeit geben würde, sich aus der Verantwortung für ihre Verbrechen zu stehlen.

Frauenleben abseits der Norm: Mehrehe, Scheidung, Witwenschaft

Die normale Eheform war wohl auch in biblischer Zeit die Monogamie, die Einehe. Aus den Textbefunden läßt sich jedoch auch die Möglichkeit der polygynen Ehe erheben: Während ein Mann gleichzeitig mehrere Frauen haben konnte, waren für eine verheiratete Frau andere Männer durch ein strenges Ehebruchsverbot tabu. Es gab jedoch die Möglichkeit der Scheidung. Ob diese auch von Frauen eingereicht werden konnte, ist fraglich (vgl. Ex 21,11; Dtn 24,1ff). Hatte eine Geschiedene eine Scheidungsurkunde, so war ihr eine neuerliche Eheschließung nach eigener Wahl freigestellt. Geschiedene und verwitwete Frauen hatten jedoch, wenn sie keine erwachsenen Söhne hatten, die für sie sorgen konnten, soziale Probleme: Nicht umsonst müssen die Armengesetze Witwen und Waisen schützen (Dtn 24,17ff). Denn das Erbrecht bevorzugte den erstgeborenen Sohn und ließ Töchter am Besitz des Vaters unbeteiligt. Töchter konnten nur ins Erbe des Vaters eintreten, wenn dieser keine Söhne hatte (vgl. Num 27; 36). Ob Ehefrauen einen Erbanspruch hatten, ist unklar. Da Witwen häufig unterstützt werden mußten, ist eher anzunehmen, daß sie beim Tod des Mannes leer ausgingen, wenn keine besondere Vereinbarung vorlag und der Verstorbene noch Brüder hatte, die das väterliche Erbe für sich beanspruchen konnten. Besonders isoliert waren wohl kinderlose Witwen, da sie in ihrer neuen Familie nach dem Tod des Mannes unverankert blieben. Die sogenannte Schwager-Ehe (Dtn 25,5ff) versucht in solchen Fällen die Witwe durch ein Kind, das der Bruder des Verstorbenen mit ihr zeugen soll, in der Familie zu halten.

Zweiklassengesellschaft: Freie und unfreie Menschen im Patriarchat

In Alt-Israel gab es – wie im christlichen Europa bis ins vorige Jahrhundert – eine Zweiklassengesellschaft: Freie Frauen und Männer und unfreie Frauen und Männer. Die vollen Bürgerrechte standen – wie in Europa bis tief in unser Jahrhundert hinein – ausschließlich den freien, einheimischen Männern zu. Sie hatten Grundbesitz und bestimmten über die Belange der Öffentlichkeit. Nur sie waren voll rechtsfähig und konnten in der Ortsgerichtsbarkeit, deren Sitz das Stadttor war, auch Recht sprechen. Unfreie Männer sowie auch Fremdlinge waren von diesen Rechten ausgeschlossen. Unfreie Menschen, Knechte und Mägde, Sklaven und Sklavinnen, gehörten zum Besitz von freien Männern und Frauen und waren bis in ihre Sexualität hinein weisungsgebunden (vgl. Gen 16). Innerhalb dieser Zweiklassengesellschaft gab es jedoch noch eine weitere soziale Trennungslinie zwischen den Geschlechtern: Frauen stehen auf der sozialen Leiter des jeweiligen Standes unter ihren Männern oder Vätern. Eine freie Frau hatte weniger Rechte als ein freier Mann und eine Sklavin weniger als ein Sklave. Dennoch steht in der sozialen Hierarchie eine freie Frau über unfreien Männern. Patriarchat ist also nicht einfach als Männerherrschaft zu verstehen, sondern als hierarchisches Gesellschaftssystem, in dem nicht allen Männern gleiche Macht zusteht, aber Frauen aller Schichten im Vergleich zu den männlichen Familienmitgliedern benachteiligt werden.

Arbeitsalltag und Arbeitsteilung in agrarischer Gesellschaft

In der Gesellschaft Alt-Israels haben wir mit geschlechtsspezifischer Arbeitsteilung zu rechnen. Verheiratete Frauen waren üblicherweise für das Haus zuständig. Kochen, Wasserholen, Brotbacken samt Getreidemahlen, Sauberhalten, Herstellung von Textilien und die Versorgung der Kinder zählten zu ihren Aufgaben. Für unverheiratete Mädchen ist auch Hirtinnenarbeit bezeugt (vgl. Gen 29,6ff; Ex 2,16). Vor allem bei weniger wohlhabenden Kleinbauern wurde wohl auch die Männerarbeit am Feld und in den Weinbergen sowie die Versorgung des Viehs von Frauen mitgetragen. Wer es sich leisten konnte, hatte Knechte und Mägde, die den Großteil der Arbeit leisteten. Auch bei diesen haben wir mit geschlechtsspezifischer Arbeitsteilung zu rechnen (vgl. z. B. Rut 2). Wie wohlhabende Frauen in Alt-Israel lebten, können wir aus Spr 31,10ff, dem sogenannten „Lob der fähigen Frau", erschließen: Sie stehen einem landwirtschaftlichen Betrieb vor, erzeugen nicht nur Rohmaterialien und Textilien, sondern vertreiben diese auch im Handel. Wenngleich die Rechtstexte darüber schweigen, läßt der Text darauf schließen, daß Frauen sogar Grundstückskauf und Investitionen selbständig tätigten. Wenn man bedenkt, daß in Spr 31 die „Idealfrau" beschrieben wird, so haben wir damit zu rechnen, daß solche tatkräftigen Frauen mit Verfügungsgewalt selbst über Grundbesitz keine Ausnahmefälle waren. Frauen waren, wenn die wirtschaftlichen Verhältnisse dies zuließen, in ihrer Arbeit also durchaus nicht nur auf Haus und Hof beschränkt.

Frauen in Leitungsämtern und einflußreichen Positionen

Einige wenige Texte berichten auch von Frauen, die öffentliche Ämter bekleideten. Da wir damit zu rechnen haben, daß ein Großteil der Bibel von Männern aus ihrem männlichen Blickwinkel verfaßt wurde, lassen solche Texte darauf schließen, daß es wesentlich mehr Frauen in öffentlichen Führungspositionen gab, als dies überliefert wurde. Von Debora (Ri 4–5) erfahren wir, daß sie die obersten Leitungsämter in Israel in sich vereinigte: Sie war Richterin und oberste Heerführerin in einem und regierte so den Stämmeverband. Ihr wird – wie Mirjam, die Israel mit Mose und Aaron zusammen aus Ägypten führte (Ex 15,20; Mi 6,4), – der Titel „Prophetin" zuteil. Da uns nur Prophetenbücher überliefert sind, die Männern zugeschrieben werden, wird oft übersehen, daß Israel auch auf Prophetinnen hörte und Gott sein Wort auch durch Frauen ausrichten ließ: Hulda wirkte gleichzeitig mit dem jungen Jeremia in Jerusalem. Als eine gewichtige Entscheidung ansteht, schickt der König seine obersten Beamten zur Prophetin und nicht zum Propheten (2 Kön 22,14ff). Sie trifft die Entscheidung über das ihr vorgelegte Gesetzbuch und leitet damit große staats- und kultpolitische Reformen ein. Neben der judäischen Königin Atalja (2 Kön 11) und der einflußreichen Königin des Nordreiches Isebel (1 Kön 16,29–2 Kön 9) hatten auch die Mütter der Könige großen politischen Einfluß auf die Staatsgeschäfte. Von Batseba etwa wird erzählt, daß sie neben ihrem Sohn Salomo, der auf ihr Betreiben die Nachfolge König Davids antreten konnte, auf einem Thron saß (2 Kön 2,19). Bei den beiden sagenhaften Gestalten der Königin von Saba (1 Kön 10) und der Königin Ester heben die Erzählungen zudem deren Weisheit hervor. Aber weise Frauen gab es nicht nur am Königshof. Bei weisen Frauen holten sich der König und seine Beamten Rat. So stehen etwa in der Davidsgeschichte zwei weise Frauen, die Frau aus Tekoa und die Frau aus Abel-Bet-Maacha (2 Sam 14; 20,14–22), neben den zwei weisen Männern Ahitofel und Huschai (2 Sam 15,12–17,23). Als Ratgeberinnen hatten diese Frauen ebenso politische Bedeutung wie die weisen Männer. Vor allem die Weisheitsliteratur preist die Weisheit der Frauen (Spr 14,1). Wenn für die Bildung der Kinder – und vor allem auch der Söhne – die Weisung der Mutter mit der Erziehung des Vaters in einem Atemzug genannt wird (Spr 1,8; 6,20), so zeigt sich das Gewicht der mütterlichen Lehre: Sie ist nötig, um die Kinder lebenstauglich zu machen und verwirklicht den in Dtn 6,6ff gegebenen religiösen Auftrag, die Kinder in die Lebens- und Glaubenstraditionen des Volkes einzuführen.

Nicht nur Hausmütterchen: Frauengeschichten als Volksgeschichte

Die Gesellschaft Alt-Israels war patriarchal (wie unsere heutigen westeuropäischen Gesellschaften auch noch in weiten Bereichen): Frauen hatten nicht die gleichen Möglichkeiten und Rechte wie die Männer, Gesellschaft, Religion und Kultur zu gestalten. Der Mann war in den meisten Bereichen des Lebens das Maß des Menschen. Die Wirklichkeit wird daher in vielen biblischen Texten gefiltert durch die männliche Brille gesehen. Unter diesen Voraussetzungen überrascht es, daß die Ursprungs- und Glaubenstradition des Volkes nicht wie unsere christlich-europäische Geschichtsschreibung als Herrscher-, Priester- oder Kriegsgeschichte geschrieben wurde. Vor allem die Ursprungsgeschichte des Volkes (Gen 12–38) wird als Familiengeschichte geschrieben und damit auf weite Strecken auch als Frauengeschichte dargestellt. Die Mütter Israels und der Völker ringsum, Sara, Hagar, die

Töchter Lots, Ketura, Rebekka, Rahel, Lea, Silpa, Bilha und Tamar sind in dieser Art der Geschichtsschreibung nicht bloß Ehefrauen und Mütter. Sie sind – wie ihre Männer – die Gründergestalten von Völkern. Auch die Anfangsgeschichte von Israels Königtum wird primär als Geschichte der Königsfamilien Sauls und Davids geschrieben und erzählt daher viel von Frauen. Wenn wir diese Geschichten lesen, müssen wir die politische Dimension der Erzählungen ernst nehmen – nicht nur bei den Erzählungen um die Männer, sondern auch bei jenen um die Frauen. Die vielen Geschichten, die uns Frauen häufig als Lehrerzählungen hausfraulichen Daseins nahegebracht wurden, sind daher politisch zu lesen: Die Frauen verschwinden nicht im Grau der Geschichte. Sie tragen in der offiziellen Geschichtsschreibung Volks- und Glaubensgeschichte ebenso wie die Männer!

LITERATUR

Irmtraud Fischer, Gottesstreiterinnen, Kohlhammer-Verlag, Stuttgart 1995.
Elisabeth Schüssler-Fiorenza, Zu ihrem Gedächtnis ... Kaiser-Verlag, Mainz 1988.
Luise Schottroff – Silvia Schroer – Marie-Theres Wacker, Feministische Exegese, Wissenschaftliche Buchgesellschaft, Darmstadt 1995.
Luise Schottroff – Marie-Theres Wacker, Hg., Kompendium feministische Bibelauslegung, Gütersloher Verlagshaus, Gütersloh 1998.

Claudia Janssen

Ums Überleben kämpfen

Frauenleben in neutestamentlicher Zeit

Wie haben Frauen in neutestamentlicher Zeit gelebt? Wie sah ihr Alltag aus? Welche Funktionen haben sie in den entstehenden christlichen Gemeinden innegehabt? Dies sind Fragen, die theologisch interessierte Frauen – seit kurzem auch einige Männer – seit vielen Jahren beschäftigen. Ihre Suche nach Frauen in der Bibel hat reiche Früchte getragen, wie die Fülle von Veröffentlichungen zu diesem Thema zeigt.

In der Anfangsphase feministischer Bibelauslegung wurde der Blick vor allem auf Jesus und seinen Umgang mit Frauen gerichtet, er erschien als „der neue Mann", als weiblich identifizierter Retter, der Frauen ein neues, befreites Leben ermöglichte. Häufig ging mit dieser Betrachtungsweise eine Abwertung des Judentums einher, auf dessen negativer Folie sich Jesus strahlend hervorhob. Dies wurde insbesondere von jüdischen Theologinnen kritisiert, die darauf hinwiesen, daß dieser abwertenden Beschreibung des zeitgenössischen Judentums viele Klischees zugrunde liegen, die nicht der historischen Situation entsprechen. So wurden rabbinische Aussagen zitiert, die Frauenaktivität einschränken und auf den Bereich des Hauses verweisen wollen, ohne zu beachten, daß diese zeitgleich mit Schriften unserer christlichen Kirchenväter entstanden sind – deren Frauenfeindlichkeit die der Rabbinen vielfach noch übersteigt!

In der Folgezeit wurde daraufhin verstärkt nach der historischen Situation der Jesusbewegung und ihrer Einbettung in jüdische Traditionen und Lebensweisen gefragt. Ein detailliertes und vielschichtiges Bild kristallisierte sich heraus, das deutlich macht, daß weder das Judentum noch das entstehende frühe Christentum als starre und klar gegeneinander abgrenzbare Größen zu betrachten sind. Es gibt regionale Unterschiede, verschiedene theologische Positionen und Richtungen und zum Teil in heftiger Form ausgetragene Auseinandersetzungen um die Umsetzung des Wortes Gottes. Sowohl die biblischen Texte – die Hebräische Bibel wie das Neue Testament – als auch nachbiblisch-jüdische Schriften wie Mischna und Talmud sind Dokumente eines lebendigen Diskussionsprozesses und zeugen von Konflikten zwischen Männern und Frauen um deren Beteiligung am alltäglichen und religiösen Leben.

Der Blick auf Jesus und seinen Umgang mit Frauen rückt nun in der Betrachtung ein wenig in den Hintergrund. Die Suche nach Hinweisen auf Frauenleben in neutestamentlicher Zeit setzt verstärkt in den Gemeinden an, in denen die biblischen Schriften entstanden sind. Es wird gefragt, welche Rolle Frauen bei der Abfassung von Texten hatten und inwiefern sie das religiöse Leben mitbestimmten. Wenn wir etwas über die Menschen erfahren, die das Evangelium gelebt und verbreitet haben – so die Auffassung, die hinter einem solchen Vorgehen steht – dann können wir auch die Aussagen der biblischen Botschaft besser verstehen und mit unserer Lebenspraxis an diese Traditionen anknüpfen.

Den Alltag erkunden

Um die Hintergründe der neutestamentlichen Erzählungen erkennen zu können, reicht es häufig nicht aus, nur in die biblischen Texte zu schauen. Sie setzen Selbstverständlichkeiten voraus, die wir kaum mehr verstehen: Wo haben die Menschen gearbeitet? Wo gingen sie einkaufen? Wie funktionierten Handel und Wirtschaft? Wie alt sind die Menschen damals geworden? Welche Rolle spielten Ehe und Familie? Wer durfte lesen und schreiben lernen ... Um dies herauszufinden, ist es nötig, andere antike literarische, historische, medizinische, philosophische und rechtswissenschaftliche Texte aus verschiedenen Bereichen heranzuziehen. Die wichtigsten Quellen für die sozialgeschichtliche Bibelauslegung bilden Inschriften, Kauf- oder Heiratsurkunden, Grabinschriften, Papyri, die den alltäglichen Handel betreffen, z. B. Verkäufe von SklavInnen, Arbeitsverträge, Listen, die Auskunft darüber geben, was Lebensmittel kosteten ... Für die Rekonstruktion von Frauengeschichte ist es besonders nötig, diese nicht-literarischen Quellen zu Rate zu ziehen, denn die Autoren der meisten uns erhaltenen antiken Schriften waren Männer, die Frauenleben entweder nicht zur Kenntnis nahmen, es bewußt unsichtbar machten oder einschränken wollten. Diese Tatsache macht es schwer, an die authentischen Stimmen von Frauen zu gelangen: „Wahrscheinlich werden wir die frühchristlichen Frauen niemals miteinander diskutieren, debattieren und streiten oder einander Trost zusprechen hören. Wir können höchstens hoffen, ein paar Gesprächsfetzen aufzufangen und einen flüchtigen Blick durch den Türspalt werfen zu können", resümiert Bernadette Brooten.

Sozialgeschichtliche Untersuchungen zeigen, daß der Druck auf Frauen, Geld zu verdienen, zum alltäglichen Leben der überwiegenden Mehrheit von ihnen gehörte. Frauen arbeiteten als Tagelöhnerinnen in der Landwirtschaft, als Handwerkerinnen, Weberinnen, Fischerinnen, Bäckerinnen, im Handel, als Marktfrauen, Tänzerinnen, Wasserträgerinnen, Färberinnen ... und erhielten dafür ein Drittel oder höchstens die Hälfte des Männerlohnes. Unter fast allen in den neutestamentlichen Texten genannten Berufsgruppen müssen Frauen vermutet werden, die jedoch durch den maskulinen Plural der Bezeichnungen häufig unsichtbar bleiben.

Traditionell wird davon ausgegangen, daß Frauen in der Jesusbewegung und den frühchristlichen Gemeinden wohlhabend waren und diese mit ihrem Geld unterstützten. Hier wird vor allem auf Lk 8,1–3 Bezug genommen: In dieser kurzen Notiz wird berichtet, daß Jesus und die Zwölf unterwegs waren, um das Evangelium zu verkünden ... „dazu einige Frauen, die er von bösen Geistern und von Krankheiten geheilt hatte... Sie alle unterstützten Jesus und die Jünger mit dem, was sie besaßen." In der Auslegung wird darunter materieller Besitz verstanden. Luise Schottroff bietet eine andere Übersetzung: „(Sie dienten ihnen) im Rahmen der Möglichkeiten, die ihnen zur Verfügung standen." Diese umfaßten mehr als Geld: Arbeitskraft, Unterkunft, Solidarität, Glauben, Phantasie, Visionen und Hoffnungen. Im Lukasevangelium und in vielen anderen neutestamentlichen Schriften finden sich deutliche Spuren von alleinstehenden, arbeitenden und armen Frauen: In Lk 15, 8–10 wird der Überlebenskampf einer Frau, die nach einer Drachme – dem Geld für das tägliche Brot – sucht, zum Bild für das Handeln Gottes. Die schlechte finanzielle Situation alleinstehender Frauen steht im Hintergrund der Erzählung von der hartnäckigen Witwe, die sich ihr Recht auf Unterhalt erkämpft (Lk 18,1–8). Noch deutlicher wird die Not der Witwe hervorgehoben, die zwei kleine Münzen opfert und damit ihren ganzen Lebensunterhalt hergibt (Mk 12,41–44; Lk 21,1–4).

Als Zeugnis von Frauenarmut muß auch die Erwähnung von Prostituierten in den Gemeinden gedeutet werden. Die Erzählung über die Frau, die Jesus salbt (Lk 7,36–50), verweist auf deren Existenz. Untersuchungen zur wirtschaftlichen Situation in der Antike zeigen, daß Frauenarbeit für das Überleben armer Familien, die den größten Teil der Gesellschaft ausmachten, notwendig war. Der Verdienst eines männlichen Tagelöhners (in Mt 20,1–16 im Gleichnis von den Arbeitern im Weinberg wird ein Silberdenar als Tagesverdienst genannt) reichte allein nicht aus, um eine Familie ernähren zu können. Die Lohnarbeit von Frauen und Kindern, die noch viel schlechter bezahlt wurde als die der Männer, gehörte zum Alltag. Eine eigenständige Existenz ist für Frauen z. B. mit dem Lohn einer Weberin, eines typischen Frauenberufes, fast unmöglich gewesen. Der Verdienst reichte kaum für die Nahrung, das Webschiff galt als „Werkzeug des Hungerberufs". Viele Frauen mußten sich zusätzliches Geld als Prostituierte verdienen. Renate Kirchhoff zeigt in ihrer Studie zur Situation von Prostituierten im 1. Jh., daß dieser Beruf zum antiken Alltag gehörte. Prostitution wirkte sich geschäftsfördernd in verschiedenen Bereichen aus und war ein Teil der Arbeit von Frauen in Gaststätten, bei Handwerkern und Händlern. Daneben gab es Prostituierte in Bordellen und auf der Straße. Für arme Frauen stellte ihr Körper häufig den einzigen Wert dar, den sie als Ware anbieten konnten. Prostitution ist in diesem Zusammenhang als besonderer Ausdruck weiblicher Armut zu verstehen.

Alleinstehende Frauen mußten auch im Alter und bis an ihr Lebensende Lohnarbeit verrichten oder als Sklavin arbeiten, um überleben zu können, wenn sie nicht von ihren Kindern versorgt wurden. Sie arbeiten als Hebammen, Weberinnen, Prostituierte, Tagelöhnerinnen und Feldarbeiterinnen … Sie waren in fast allen Bereichen des täglichen Lebens vertreten und führten ihre Arbeit weiter, bis sie zu krank dazu waren oder starben. Armut, Hunger und Not prägten ihr Leben. Einen interessanten Einblick in die gesundheitliche Situation alter Frauen bietet ein (christlicher) Bericht aus dem 2.-3. Jh., der sich in den Johannesakten findet: „Und Johannes befahl Verus, dem Bruder, der ihm diente, die alten Frauen in ganz Ephesos herbeizuführen, und traf zusammen mit Kleopatra und Lykomedes Vorbereitungen zur Fürsorge (für sie). Da kam Verus und sagte zu ihm: Johannes, von den alten Frauen über sechzig, die es hier gibt, habe ich lediglich vier bei leiblicher Gesundheit vorgefunden, von den übrigen aber einige gelähmt, andere taub, einige arthritisch und andere überhaupt an verschiedenen Gebrechen leidend."

Heilung erfahren

In den Evangelien wird vielfach von Heilungen von Frauen berichtet (vgl. z. B. Mk 1,29–31 par; Mk 5,25–34 par). Häufig ist das der Beginn ihrer Jüngerinnenschaft. In der Erzählung der Heilung einer seit vielen

Jahren verkrümmten Frau (Lk 13,10–17) läßt sich einiges über ihr Leben ablesen. Sie steht mit ihrer Person für viele Frauen und Männer aus dem Volk, die wie sie unter den bedrückenden Lebensverhältnissen leiden. Sie verkörpert mit ihrer Krankheit die sozialen Verhältnisse der Menschen am untersten Ende der Gesellschaft. An ihrem Körper sind die Zeichen schwerer Arbeit sichtbar, die Spuren unterdrückender Arbeits- und Lebensverhältnisse, die die Menschen beugen und sie verkrümmen. Nach ihrer Heilung preist sie Gott und verkündet ihre Erfahrung, die gute Nachricht, die dem ganzen Volk gilt: Die Erlösung des Volkes ist nahe und schon spürbar. Die Heilungen einzelner Menschen sind Zeichen für den Anbruch des Reiches Gottes: Gott erhöht die Erniedrigten und nimmt sich ihrer an. Die Menschen, die von ihren Heilungen oder von denen ihrer Schwestern und Brüder erzählen, hatten sicher keine makellosen Körper. Es geht ihnen nicht darum, ein Ideal von Menschsein zu entwerfen, das auf Gesundheit und einem perfekten Körper basiert. Im Gegenteil! Sie erzählen von sich und ihrem Alltag und machen damit ihr Leiden und die Zeichen ihrer Geschichte, die sie mit an ihren Körpern tragen, sichtbar. Die Heilungserzählungen sind Ermutigungsgeschichten, in denen ihre Hoffnungen lebendig werden.

Solidarität leben

Der Alltag von Frauen in Palästina im 1. Jh. ist geprägt durch die politische Situation. Das Land ist besetzt und steht unter römischer Vorherrschaft. Die Sicherheit der Herrschenden wird durch den Einsatz militärischer Gewalt gewährleistet. Die Steuern und Tribute waren sehr hoch, jede Form von Widerstand wurde niedergeschlagen. Die Jesusbewegung und das frühe Christentum sind Teil der damaligen prophetisch-messianischen Befreiungsbewegungen, die sich gegen die unterdrückende römische Besatzungsmacht stellten. In den Gemeinschaften wurden Hoffnungs- und Ermutigungsgeschichten aus der Bibel, dem Ersten Testament, erzählt und in die eigene Gegenwart übertragen. Hier haben sich die Menschen gegenseitig Unterstützung und Hilfe geboten. Luise Schottroff bezeichnet die Evangelien als „Liederbuch der Armen", um deren gemeinschaftlichen Charakter und ihre Herkunft deutlich zu machen. In den Nachfolgegemeinschaften haben sich viele unterschiedliche Frauen und Männer getroffen, alte und junge, freie und unfreie, Juden und Jüdinnen und Menschen aus den Völkern, die hier eine religiöse Heimat gefunden haben (vgl. Gal 3,28). In den biblischen Texten sind Spuren des Lebens von Frauen erhalten, die sich innerhalb patriarchaler Strukturen hörbar gemacht haben. Sie wollen ermutigen und können auch heute noch Frauen in Bewegung setzen. Sie schildern Konflikte des Alltags, ohne deren Überwindung die großen Veränderungen nicht möglich sind.

LITERATUR

Bernadette J. Brooten, Frühchristliche Frauen und ihr kultureller Kontext. Überlegungen zur Methode historischer Rekonstruktion, in: F. W. Marquardt u. a. (Hg.), Einwürfe zur Bibel, Bd. 2. Lektüre und Interessen, München 1985, 62–93.

Claudia Janssen, Elisabet und Hanna – zwei widerständige alte Frauen in neutestamentlicher Zeit. Eine sozialgeschichtliche Untersuchung, Mainz 1998.

Renate Kirchhoff, Die Sünde gegen den eigenen Leib. Studien zu porne und porneia in 1 Kor 6,12–20 und dem sozio-kulturellen Kontext der paulinischen Adressaten, Göttingen 1994.

Regene Lamb, Wenn ich meinen Rücken beugen würde! Der alltägliche Kampf gegen Herrschaftsstrukturen. Eine Auslegung zu Lukas 13,10–17, in: Für Gerechtigkeit streiten. Theologie im Alltag einer bedrohten Welt, Dorothee Sölle (Hg.), Gütersloh 1994, 71–75.

Luise Schottroff, Lydias ungeduldige Schwestern. Feministische Sozialgeschichte des frühen Christentums, Gütersloh 1994.

Luise Schottroff/Marie-Theres Wacker (Hg.), Kompendium Feministische Bibelauslegung, Gütersloh 1998.

Beate Wehn, Jesus, der erste neue Mann? Jesus in Begegnungen mit Frauen (Joh 7,53–8,11), in: Antijudaismus im Neuen Testament? Grundlagen für die Arbeit mit biblischen Texten, D. Henze u. a., Gütersloh 1997, 126–137.

TOCHTER VON ...

Bettina Eltrop

Rühre sie an, damit sie lebt

Bibelarbeit zur Auferweckung der Jairustochter (Mk 5,21–43)

Schon häufig habe ich in Frauengruppen mit dieser Bibelstelle gearbeitet, in der von der Heilung der blutflüssigen Frau und der Auferweckung der zwölfjährigen Tochter des Jairus erzählt wird. Und immer wieder mache ich die Erfahrung, daß nicht nur die Heilung der Frau, sondern auch die „Tochtergeschichte", die diese Bibelstelle enthält, Frauen anrührt und zutiefst bewegt. Ob das eigene Tochtersein wieder lebendig wird oder ob vom schwierigen Entwicklungsprozeß im Zusammenleben mit den eigenen pubertierenden Töchtern erzählt wird – diese Bibelarbeit bietet Frauen die Gelegenheit, sich über schöne und auch schwierige Seiten des Tochter-Daseins auszutauschen und mit neuen Perspektiven nach Hause zu gehen.

Der Bibeltext aus „Tochterperspektive" gelesen

Die zwölfjährige Tochter des Synagogenvorstehers Jairus ist schwer erkrankt. Das Alter von zwölf Jahren ist im Bibeltext von Bedeutung. Das Mädchen steht in der Pubertät, vielleicht vor der ersten Menstruation, d. h. an der Schwelle zum Frausein. In diesem Alter waren Mädchen in der damaligen Zeit darum häufig schon verheiratet.

Die Zahl 12 verbindet die Tochtergeschichte außerdem mit der Heilungsgeschichte der blutflüssigen Frau, die in diese hineingewoben ist: zwölf Jahre schon litt die Frau an Dauerblutungen. Sie, die nicht mehr Frau sein kann, und das Mädchen, das nicht Frau werden wird, kommen in Berührung mit Jesus und seiner Leben schaffenden Kraft.

Im Bibeltext ist besonders der Vater für dieses zwölfjährige Mädchen von großer Bedeutung: Sie lebt noch in seinem Haus, ist also noch nicht verheiratet. Ihr Vater ist es auch, der Jesus zu Hilfe holt. Er setzt sich für seine Tochter ein, fällt vor Jesu Füßen zu Boden, obwohl er ein wichtiger Beamter in der Synagoge und vermutlich eine angesehene Persönlichkeit im Dorf ist (wahrscheinlich hatte er ein großes Haus, vgl. V. 35, wo er von „Leuten aus seinem Haus" benachrichtigt wird).

Doch bevor Jesus und der Vater kommen, ist es zu spät. Die Tochter ist schon gestorben, das Klagen und Weinen weithin zu hören. Jesus fordert wieder Jairus auf, ohne Furcht zu sein und zu vertrauen. Auf seinen Glauben kommt es an (V. 36). Mit Jairus, der Mutter und drei Jüngern geht Jesus dann in die Kammer des Mädchens. Jesus ergreift die Tochter an der Hand (eine(n) Tote(n) körperlich zu berühren, war in der damaligen Zeit für Juden der schwerste Grad der Verunreinigung) und spricht zu ihr: Talita kumi – Mädchen, ich sage dir, steh auf! Und das Mädchen steht auf, lebt – und wird in die soziale Gemeinschaft ihres Hauses zurückkehren, von der sie weitere Lebensmittel bekommen wird (V. 43).

Tochter von ...

Der Bibeltext nennt uns keinen Namen der Tochter, er beschreibt sie ganz über die Vaterfigur. Die Mutter bleibt bis auf eine beiläufige Nennung in V. 40 im Hintergrund.

Verschiedentlich haben Frauen in meinen Bibelkursen die Vermutung geäußert, ob die Krankheit und das Sterben der Tochter vielleicht mit dieser dominierenden Vaterfigur zu tun haben, der sich die Tochter durch Krankheit bis in den Tod hinein habe entziehen wollen. Sicherlich sind solche Gedanken nicht einfach abzutun und häufig auch durch eigene Erfahrungen der Frauen gedeckt. Zunächst jedoch müssen wir sehen, daß der Bibeltext auch damalige gesellschaftliche Gegebenheiten widerspiegelt, und daß in der damaligen patriarchalen Gesellschaftsstruktur Väter für Kinder eine wichtige, vor allem rechtliche Bedeutung hatten.

Als Oberhaupt einer Familie und eines Haushalts stellte der Familienvater die rechtliche Vertretung für die in seinem Haushalt lebenden Kinder dar, bot ihnen Schutz, hatte aber zugleich Anrecht auf den Ertrag ihrer Arbeit – er bestimmte über ihren Verkauf/Verpfändung (bei Verschuldung der Familie) und über ihre Verheiratung. Diese starke Stellung des Vaters drückt sich auch in der Bezeichnung des Kindes aus: Es war in erster Linie Sohn, bzw. die „Tochter von ..."

Eine Tochter stand bis zum Alter von 12,5 Jahren in diesem Abhängigkeitsverhältnis zu ihren Vater, danach wurde sie rechtlich selbständig. Da Mädchen aber meist schon sehr jung verheiratet wurden, gingen sie häufig ohne Übergang vom Status der „Tochter von ..." in den Stand der „Frau von ..." über. Die Definition eines Mädchens/einer Frau über einen Mann, entweder Vater oder Ehemann, war also normale gesellschaftliche Struktur.

Ein Vater gerät in Bewegung

In vielen Heilungsgeschichten wenden sich Menschen in notvollen Lagen hilfesuchend an Jesus. Es wird erzählt, wie sie aus einem Leben voll Behinderung, Krankheit und Nicht-Leben heraustreten und wie im Kontakt mit Jesus für sie neues Leben möglich wird. In der geglückten Begegnung zwischen Jesus und den hilfesuchenden Menschen wird darum nicht nur von der wunderbaren Wendung und Heilung des jeweiligen Menschen berichtet, sondern auch von seinem/ihrem Glauben und vom Ende von Angst, Furcht und dunklen Mächten.

So auch in unserer Stelle: Jesus spricht der geheilten Frau zu: Tochter, dein Glaube hat dich gesund gemacht (V. 34). Die blutflüssige Frau ist aus ihrem Glauben heraus in der Beziehung und Berührung mit Jesus gesund, eine Tochter im Reich Gottes geworden. Und auch Jairus fordert Jesus auf, gegen die eigene Angst anzuglauben (V. 36), sich auf das Geschehen der Gottesherrschaft einzulassen und bewegen zu lassen. Und im folgenden Abschnitt Mk 6,1–6a wird erzählt, daß Jesus tatsächlich dort keine Wunder tun konnte, wo ihm nicht dieser Glaube entgegengebracht wurde.

Daß ein mächtiger und angesehener Vater sich bewegen läßt, sich klein machen kann (er fällt vor Jesus zu Boden), sich auf das Glaubensgeschehen einläßt (V. 36ff), auch wenn alles hoffnungslos erscheint, zeigt die Jairusgeschichte. Heilung, Aufstehen zum Leben geschieht, so berichtet uns die Bibel, wo Menschen gegen ihre eigene Angst (V. 36: Sei ohne Furcht, glaube nur) sich ganz und ungeteilt für Jesus öffnen.

Rühre sie an, damit sie lebt

Die Bibel spricht von der Sehnsucht der Menschen, mit Jesus in Berührung zu kommen, weil dies Leben bedeutet. Diese Berührung geschieht inwendig (s. oben zum Thema Glauben) und ganz leibhaftig:

Die blutflüssige Frau berührt Jesus. Jesus selbst faßt das zwölfjährige Mädchen an der Hand und spricht ihr zu, sie solle aufstehen aus dem Tödlichen, das sie umfängt.

Anrühren – wie behutsam, schön und Frauen entsprechend beschreibt die Bibel den Kontakt dieser beiden Frauen, Tochter im Glauben und Tochter, zu Jesus. Wie treffend dieses Wort auch heute noch das weiblich-spirituelle Bedürfnis beschreibt, mit Jesus in Beziehung zu treten, spüren wir vielleicht in dem folgenden Gebet von Marie-Luise Langwald:

Rühre mich an

Ich möchte dich berühren, Herr,
und wenn es nur der Saum deines Gewandes ist,
den ich halten kann.

Ich möchte dich berühren, Herr,
und wenn es nur der Finger deiner Hand ist,
den ich ergreifen kann.

Ich möchte dich berühren, Herr,
und wenn es nur ein Wort deiner Botschaft ist,
das ich fassen kann.

Ich möchte dich berühren, Herr,
möchte mich heran-tasten an dich.

Marie-Luise Langwald

(Aus: dies., Frauen-ge-danken. Begegnung mit biblischen Frauengestalten, Patris Verlag GmbH, Vallendar-Schönstatt und Klens-Verlag, Düsseldorf, Vallendar 1990)

Bibelarbeit

1. Auf das Thema des Abends/den Bibeltext zugehen

▷ Um die gestaltete Mitte liegen einige Mädchendarstellungen. Die Frauen erzählen sich gegenseitig, woran sie denken, wenn sie das Wort „Tochter" hören. Steht ihnen eine eigene Tochter vor Augen,

kommt ihnen eine bestimmte Vater-Tochter oder Mutter-Tochterge-
schichte in den Sinn, bestimmte Begebenheiten, Gefühle aus ihrer
Kindheit?

2. Den Bibeltext begreifen

▷ Der Bibeltext wird mit verteilten Rollen gelesen.
In drei Gruppen besprechen die Frauen den Text: die erste Gruppe
aus der Perspektive der zwölfjährigen Jairustochter, die zweite aus
der Perspektive des Jairus, die dritte aus der Perspektive der blutflüssigen Frau, die von Jesus als „Tochter" angeredet wird.
Leitfragen für das Gruppengespräch können sein: In welchen Le-
benssituationen befinden sich diese drei Menschen? Was geschieht
durch die Begegnung mit Jesus in ihrem Leben?
▷ Die drei Gruppen erzählen sich gegenseitig, was sie am Bibeltext
entdeckt haben. Die Leiterin gibt, wenn nötig, noch zusätzliche Informationen.

3. Mit dem Bibeltext weitergehen

▷ Jede Frau besinnt sich auf ihren Lebens- und Glaubensweg als Tochter und formuliert in Anlehnung an die Heilungs- und Auferste-
hungsgeschichte einen Psalm. Dazu beschreibt sie in drei Schritten
– erst die eigene Notlage vor Gott (z. B. Ich bin … Ich schreie zu
Dir, Gott),
– dann die Wendung, die eingeleitet wird mit: Du aber, Jesus, kamst
und rührtest mich an …,
– und dann die erfolgte Heilung und ihren Dank.
▷ Vielleicht lesen einige Frauen ihren Psalm vor? Zum Abschluß wird
das Gebet „Rühre mich an" oder ein Segen gesprochen.

Mechthild Alber

„Schön bist du, meine Freundin, ja du bist schön!"

Bibelarbeit zum Hohen Lied

Es geht um nichts als Liebe …

Das Hohelied der Liebe ist wohl einzigartig in der Bibel. Das Wort Gott sucht man vergebens, dafür ist ständig von der Liebe die Rede, von der Liebe zwischen Mann und Frau. Aber es geht nicht etwa um eine Liebe, die in den Jahren gereift ist und sich in Treue bewahrheitet hat, sondern um den Zauber der Verliebtheit, um jenes meist anfängliche Glück, das die Liebenden weit über ihre gewöhnliche, alltägliche Welt hinausheben kann.

Das Hohelied der Liebe, das „Lied der Lieder", (hebräisch wörtlich: das schönste und beste Lied) wurde in der biblischen Tradition dem König Salomo zugeschrieben. Denn er galt als der glanzvollste König, dessen Dichtkunst so berühmt war wie sein Harem (1 Kön 5,12). Auch wenn König Salomo sicher nicht der historische Dichter des Hohenliedes war, so weisen die üppigen Beschreibungen, die kostbaren Düfte und die immer wieder angesprochenen „Töchter Jerusalems" auf einen Kontext der Jerusalemer Oberschicht hin. Die Gedichtsammlung des Hohenliedes wird den weisheitlichen Schriften zugerechnet. Sie ist so etwas wie ein „Lehrbuch der Liebe" – allerdings eines, das ganz ohne die üblichen Hinweise auf Moral und Konventionen auskommt. Im Gegenteil: die leidenschaftliche Liebe wird in poetischen (für uns manchmal nicht leicht verständlichen) Bildern besungen als eine Urkraft, die Mann und Frau ganz und gar erfaßt, und die nur ein Ziel kennt: die (auch körperliche) Vereinigung mit dem bzw. der Geliebten.

Das Hohelied ist eingebettet in den großen Strom altorientalischer Liebeslyrik, und entsprechend lassen sich viele verwandte Motive und Bilder vor allem in der ägyptischen Kultur finden. Ihre kunstvolle, hochliterarische Form ist aus ursprünglich einfachen Volksliedern entstanden, die beim Umtrunk und beim Tanz gesungen wurden.

Was das Hohelied auszeichnet und heute noch anziehend macht, ist die einzigartige Poesie seiner Sprache. Der Zauber der Liebe zwischen Mann und Frau wird in immer neuen Variationen beschrieben. Mit sinnlichen Bildern und Vergleichen, teils aus dem Bereich der üppig wachsenden Natur, teils aus der höfischen Pracht, sprechen sich Mann und Frau wechselseitig ihre Liebe zu. Und diese Wechselseitigkeit macht den besonderen Reiz dieser Texte aus, zeigt sich darin doch eine gleichwertige, dialogische Beziehung von Mann und Frau. (Was ja für die damalige Zeit noch viel unerhörter war als für uns!) Zwischen ihnen gibt es keine trennenden Konventionen oder Standesunterschiede, keine Unterdrückung, Fremdheit oder Sprachlosigkeit. Zwischen den Zeilen weht ein Geist freier, unbedingter Liebe, die jedoch alles andere als beliebig ist. Diese Liebe sucht sich daher vor allem den freien Raum der aufblühenden Natur, um sich zu entfalten. Dabei geht es trotz der vielen erotischen Anspielungen nie nur um die Lust an sich: die sinnliche Liebe wird gehalten von einer personalen Intimität, die in der Bibel sonst nirgendwo einen vergleichbar intensiven Ausdruck gefunden hat. Fast könnte man meinen, ein modernes Liebesverständnis (oder ist es auch zugleich ein uraltes?) tritt uns im Gewand orientalischen Zaubers entgegen.

Bleibt aber doch die Frage, warum das Hohelied Eingang ins Alte Testament finden konnte, dieser Urkunde einer einzigartigen Beziehung: von Gott zu „seinem auserwählten Volk".

Gehört das in die Bibel?

Die weisheitlichen Schriften, zu denen das Hohelied gehört, sind insgesamt die jüngsten Schriften des Alten Testaments und in einer Zeit entstanden, wo man inmitten einer „offenen Gesellschaft" nach der richtigen Lebens- und Glaubensweise suchte. Allgemein menschliche Themen wie Erziehung, Lebensführung (z. B. im Buch Jesus Sirach) und eben die Liebe kamen dadurch verstärkt in den Blick. (In manchem also eine gewisse Parallele zu unserer heutigen Zeit, wo das „spezifische Christliche" immer mehr aus der Öffentlichkeit verschwindet.)

Allerdings bereitete die allzu weltliche Liebe des Hohenliedes den frommen Schriftgelehrten auch bald Probleme. So lesen wir bei Rabbi

Aquiba (gest. um 135 n. Chr.): „Jene, die ihre Stimme bei Festen mit dem Hohenlied vibrieren lassen und es wie ein Lied behandeln, haben keinen Anteil an der künftigen Welt"; und gleichzeitig sagte er vom Hohenlied: „Nichts auf der Welt gleicht dem Tag, an dem das Lied der Lieder Israel gegeben wurde, denn alle Schriften sind heilig, aber das Lied der Lieder ist das allerheiligste." Aus der Abwehr einer wörtlichen Deutung – also eines ungezwungenen Preisens der erotischen Liebe – läßt sich schließen, daß es diese Deutung ursprünglich in Israel gab. Auch die Übersetzung in die griechische Bibel (Septuaginta) nahm von der erotischen Kraft der Bilder nichts zurück. Aber schon sehr bald trat eine allegorische (übertragene) Auslegung des Hohenliedes an die Stelle der wörtlichen, und die Liebesbeziehung zwischen einem jungen Mann und einer jungen Frau wurde zum Sinnbild der Beziehung zwischen Gott und seinem Volk. Das entsprach durchaus einer alten Tradition (z. B. bei Jes 62, wo Gott sich wie ein Bräutigam aufs neue mit seiner Braut, nämlich seinem Volk vermählt). Allerdings tritt nun das Bild der Ehe in den Hintergrund, und allein die leidenschaftliche Liebe wird zum Vergleichspunkt. Das ist eine kühne Verschiebung von einer rechtlich verankerten Beziehung, dem Bund, hin zu einer noch intimeren, die ganz im Herzen beheimatet ist. (Deswegen spricht Rabbi Aquiba vom „allerheiligsten Lied".)

Diese Auslegungstradition wurde von den christlichen Theologen aufgegriffen, die die Liebesbeziehung des Hohenliedes zum Inbild der Beziehung zwischen Christus und der Kirche (bzw. Maria) machten und sie dann auch auf die individuelle Beziehung der einzelnen Seele zu Christus bezogen. In diesem Deutehorizont wurde das Hohelied im Mittelalter zum meistkommentierten Text der Bibel, besonders bei den mystischen Auslegern. Sinnlich-erotische Liebe verwandelt sich zu mystischer Vereinigung.

Zeigt sich darin nur die Geringschätzung der irdisch-sinnlichen Liebe? Der Gott der Bibel und der göttlichen Eros, haben sie nichts miteinander gemein? Hat sich nicht gerade das Christum um die „Ausmerzung des Fleischlichen verdient gemacht" und damit jenen unheilvollen Riß zwischen die sinnliche und die geistige Liebe gebracht, an der bis heute Menschen leiden?

Erst im 18./19. Jhd. begann man die Texte wieder auch in ihrem wörtlichen Sinn zu lesen und zu akzeptieren, und „neuentdeckt" wurde das Hohelied eher von Dichtern wie Herder und Goethe als von den Theologien ihrer Zeit: „Das Zarteste und Unnachahmlichste, was uns vom Ausdruck leidenschaftlicher, anmutiger Liebe zugekommen ist" (Goethe). (In der katholischen Exegese brauchte es sogar bis zu der Enzyklika „Divino afflante spiritu" von 1943, die dazu ermutigte, die Lieder des Hohenliedes als Preis auf die geschlechtliche Liebe zu lesen.)

Es ist sicherlich ein großer Gewinn, daß das Hohelied in seinem wörtlichen Verständnis wiederentdeckt wurde und damit ein wichtiges biblisches Zeugnis für die gottgewollte Kraft von Eros und Sexualität und ihrer zutiefst menschlichen Dimension ist. Wenngleich sich die „offizielle Theologie" heute zu diesen menschlichen Grundkräften bekennt, ist es doch noch ein weiter Weg dahin, sie wirklich in den Glaubensvollzug und das Gottesbild zu integrieren. Erst wenn die göttliche Liebe ins „Fleisch" kommt (Inkarnation), wenn also unsere sinnliche Natur als ebenbürtig zu unserer geistigen Natur erscheint und zu einem Ort der Gotteserfahrung werden kann, können wir als Menschen mit Leib und Seele erlöst werden. Und dafür scheint mir auch die allegorische – also übertragene – Auslegung wertvolle Impulse zu geben:

– Liebeserfahrungen tragen uns Menschen oft weit hinaus über unsere alltägliche Welt. In ihnen schreibt sich die Liebesgeschichte Gottes zu uns Menschen ein. Auch wenn diese Erfahrungen nur fragmentarisch und brüchig sind und keineswegs alle als Ehegeschichten enden, ja oft mehr versprechen als sie einlösen können, sind sie doch ein wesentlicher Teil unserer individuellen Heilsgeschichte (und haben daher zu Recht ihren festen Platz in der Bibel). Diese Erfahrungen haben Anteil an einer noch umfassenderen Wirklichkeit: sie sind aufgehoben in der Wirklichkeit Gottes.

– Wenn die Verliebtheit zwischen Mann und Frau ein Bild sein kann für die Beziehung von Christus zur Kirche bzw. zur Seele jedes einzelnen, dann heißt das, Christus liebt uns leidenschaftlich, er begehrt uns, ja: Gott hat Lust an uns Menschen. Nicht nur, wenn wir uns an die Gebote halten, sondern weil er in Liebe zu uns entbrannt ist.

– Das Hohelied besingt die Liebe zwischen gleichwertigen Partnern. Auf das Verhältnis zu Gott übertragen heißt das: kein Herr-Knecht-Verhältnis, auch kein Vater-Kind-Verhältnis, sondern die Gleichwertigkeit und Intimität von Liebenden wird zu einem Bild der Gottesbeziehung.

1. Auf das Thema des Abends/den Bibeltext zugehen (Hl 1,2–2,7)

▷ Der Text wird vorgelesen, und die Teilnehmerinnen (TN) werden aufgefordert, spontan ihre ersten Eindrücke zu nennen.

Mögliche Fragen:
– Sagen mir diese Lieder zu oder nicht?
– Ist mir etwas in Erinnerung geblieben – eine bestimmte Wendung, ein Bild, eine Stimmung?
– Gab es etwas, was mir fremd und unverständlich war? …

Die ersten Eindrücke sollen zunächst unkommentiert stehen bleiben. Es kann vielleicht der Hinweis erfolgen, daß die Lieder zum Hören bestimmt waren und nicht zum Lesen!

2. Den Bibeltext begreifen

Auffällig ist am Hohenlied, daß verschiedene Personen sprechen und angesprochen sind: die Geliebte (König), die Töchter Jerusalems, teilweise ist die Rede in der 3. Person, teils in der 2. Person, teils in der 1. Person gehalten. Auch lassen sich verschiedene, relativ eigenständige Gedichtteile unterscheiden: 1,2–4 „Die Sehnsucht nach dem Geliebten"; 1,5–6 „Sie braucht sich nicht zu schämen"; 1,7–8 „Wo finde ich dich?"; 1,9–14 „Gegenseitige Bewunderung"; 1,15–17 „Liebe unter freiem Himmel"; 2,1–3 „Die Liebe verkosten"; 2,4–7 „Trunken vor Liebe". Wenn man diese textlichen Eigenheiten herausarbeitet, erschließt sich von daher auch die Poesie der Liebeslieder.

▷ Aufgabe: TN bilden Untergruppen, von denen jede einen Textteil (s. o.) untersuchen soll. Dazu sind folgende Fragen hilfreich:
– Wer spricht zu wem? (in welcher Person?)
– Was erfahren wir über die einzelnen Personen?
– In welchem Umfeld bewegen sie sich? (z. B. höfisches Umfeld, Weinberg, Garten, unter freiem Himmel …)
– Finden Sie eine Überschrift für Ihren Abschnitt!

Wenn nun die einzelnen Gruppen ihre Textteile vorstellen, können Fragen geklärt werden. Bei den einzelnen Metaphern können zunächst die eigenen Assoziationen zusammengetragen werden, denn die Metaphern (bildhafte Ausdrücke) wollen ja gerade eine assoziative Erweiterung der Worte erreichen. Zu den einzelnen Abschnitten können noch folgende Hinweise hilfreich sein:

1,2–4:
Hier ist der mehrmalige Wechsel der Person auffällig, was der ruhelosen Sehnsucht der Liebenden entspricht. Die Szenerie ist ein höfischer Palast, kostbare Salben etc., der Geliebte wird als König angesprochen. Die Verliebten nehmen im Hohenlied spielerisch verschiedene Rollen ein: König/Königin, Hirte/Hirtin etc. – gemeint ist damit nicht ein realer König, sondern vielmehr der „König des Herzens".
V. 3 enthält ein kleines Wortspiel: Name – schem; Öl = schemen; der Name, d.h. das Wesen des Geliebten ist so wohltuend und angenehm wie Salböl.

1,5–7:
Hier schildert eine selbstbewußte, junge Frau ihr Aussehen: im Gegensatz zu den hellhäutigen „höheren" Töchtern Jerusalems ist sie dunkel, von der Sonne gebräunt. (Eigentlich müßte V. 5: „schwarz bin ich, doch schön" heißen.) Der Vergleich „wie die Zelte von Kedar" macht deutlich, worum es geht. „Kedar" ist eine geographisch weit entfernte Landschaft, faszinierend, aber auch fremd und ein wenig unheimlich. Salomos Decken, seine Behänge, machen den anderen Aspekt von „schwarz" deutlich: teurer Luxus. Es handelt sich also um eine faszinierende, aber auch ganz andersartige, fremde Frau, die hier spricht. Die Szenerie spielt draußen in den Weinbergen – ein altes Bild voller erotischer Anspielungen auf die sinnlichen Reize einer Frau. Die poetische Pointe des Gedichts liegt darin, daß einerseits die reale Arbeit draußen im Weinberg, andererseits die übertragene Bedeutung, also der Körper der jungen Frau, gemeint ist. Sie ist also nicht so behütet aufgewachsen wie die „Töchter Jerusalems", sie mußte arbeiten und war dadurch den Begehrlichkeiten der Männer ausgesetzt. Aber dies verschweigt sie nicht verschämt, sondern sie bekennt sich selbstbewußt zu ihrer erotischen Ausstrahlung. (Der Schluß von V. 6 müßte treffender heißen: „Meinen eigenen Weinberg hüte ich nicht.")

1,7–8:
In diesem Lied treten die Verliebten als Hirte und Hirtin auf – ein beliebtes Stilmittel der Poesie (vgl. unser „Schäferstündchen"). Das Frage- und Antwortspiel, Suchen und Finden zeigt die uralte Dynamik der Verliebtheit von der Sehnsucht zur Vereinigung. Die Aufforderung „weide deine Zicklein" hat wiederum eine erotische Anspielung auf die Brüste des Mädchens.

1,9–14:
Der Dichter läßt hier das Liebespaar in einer höfisch-herrschaftlichen Szene auftreten. Zunächst wird die Schönheit der Frau besungen, worauf die Frau mit einem Bewunderungslied für ihren Geliebten antwortet. Auffallend sind die häufig wechselnden Anreden in der 1., 2. und 3. Person. Der Vergleich mit einer „Stute an Pharaos Wagen" ist für unsere Ohren unverständlich. Stuten waren mit kostbarem Saumzeug geschmückt, und in Ägypten wurden sie im Kampf eingesetzt, um die Hengste (die eigentlichen Streitrosse) zu verwirren. Der Vergleich meint also eine Frau, die durch ihre Schönheit die Männer „schachmatt" setzt. „Meine Freundin" kommt im Hohenlied oft vor, um die Beziehung auszudrücken. Daneben finden sich Bezeichnungen wie „meine Braut", „meine Schwester(Braut)" – es ist nirgends von der Ehefrau die Rede. „Meine Freundin" deutet also auf eine Beziehung, die nicht rechtlich legitimiert ist, sondern sich einzig auf der Intimität zwischen beiden gründet. Dabei darf man das Hohelied sicher nicht als Kampfschrift gegen die Ehe lesen, wohl aber als ein Bekenntnis zur Bindekraft personaler Liebe, die noch tiefer geht als rechtliche Regelungen. Die Narde ist ein besonders kostbares Öl. Das folgende Bild – ein sinnenfrohes gemeinsames Gelage – hat auch wieder erotischen Hintersinn. Mit Myrrhe hat man Hochzeitskleider, Liebeslager oder die Haremsmädchen vor ihrem Gang zum König parfümiert. Die Hennablüte steigert diesen Duftrausch noch einmal, kommt hier doch En-Gedi, die blühende Oase am Toten Meer, ins Spiel, also der Gegensatz zwischen toter Wüste und blühendem Leben. Die Liebe – symbolisiert in der Hennablüte – vermag selbst in einer Umgebung des Todes neues Leben zu erwecken.

1,15–17
Der Vergleich „zwei Tauben sind deine Augen" ist für uns wieder unverständlich. Für die damaligen Zuhörer lag der Vergleich nicht so

sehr in der Form, sondern in der Dynamik, also: lebendig wie zwei Tauben sind deine Blicke. Und Tauben galten im alten Orient als Symbol der Liebesgöttin. Liebe unter Bäumen schließlich war ebenso ein weit verbreitetes Motiv, wobei die stolzen Bäume von Zedern und Zypressen dem Ganzen ein königliches Gepräge geben. (Nach alter Vorstellung galt der Zedernberg sogar als Wohnstätte der Götter!)

2,1–3
Die Vergleiche: Lilie-Disteln, Apfelbaum-Waldbäume wollen die Besonderheit des Geliebten unterstreichen. Die Anspielung auf den Apfelbaum kann sich möglicherweise auch auf die Liebesgöttin Aphrodite beziehen, der der Apfelbaum heilig war. Der Schatten des Baumes gibt Geborgenheit, in der die „Liebesfrüchte" genossen werden können.

2,4–7
Das Weinhaus wurde zur Zeit der Weinlese mit einem Schild bezeichnet, gleichzeitig steht dieser Ort auch für den sinnlichen Liebesgenuß („Sein Zeichen über mir heißt Liebe"). Traubenkuchen und Äpfel galten als Liebeserreger, die hier die liebeskranke Frau „heilen" sollen. Und das kann nur das intime Beisammensein mit dem Geliebten, wie es in V6 beschrieben ist. Dieses Preislied auf die sinnliche Liebe wird beschlossen mit einem Schwur „bei den Gazellen und Hirschen auf der Flur". Das ist eigenartig, da im AT sonst ausschließlich beim Gott Israels geschworen wird. Gazellen und Hirschkuh jedoch waren die heiligen Tiere der Liebesgöttinnen – diesen also gilt der Schwur. Die Liebe hat ihre eigenen Gesetze, die sich oft der gesellschaftlichen Moral entziehen und die doch alles andere als beliebig sind.

Wer noch weitergehende Erläuterungen sucht, sei verwiesen auf: „Walter Bühlmann, Das Hohelied, Neuer Stuttgarter Kommentar".

▷ Nach der Erarbeitung der Texte sollen sie noch einmal zu Gehör kommen. Jede Gruppe stellt ihr Lied vor, indem sie die Szene mit verteilten Rollen liest, begleitet von Gesten und Bewegungen (szenischer Dialog).

3. Mit dem Bibeltext weitergehen

„Schön bist du, meine Freundin"
Das Hohelied wurde immer auch als Ausdruck der inneren Glaubens-
erfahrung gedeutet, d. h. die Erfahrungen der sinnlichen Liebe und die
Erfahrungen des Glaubens stehen in einem engen Verhältnis zueinander! Diese Aussage mag befremdlich erscheinen, wurde die Liebe im
Christentum doch lange asketisch ausgelegt. Im folgenden soll es daher
um das Verhältnis und die Spannung von Glaube und Eros gehen.

▷ Fragen:
  – Hatten beide Bereiche in meinem Leben etwas miteinander zu
    tun?
  – Ergänzten sie sich oder lagen sie im Widerstreit?
  – Hat sich im Laufe des Lebens etwas in die eine oder andere Rich-
    tung weiterentwickelt?

▷ Wenn noch Zeit ist, kann man mit den Bildern zum Hohenlied von
  Chagall das Ganze abrunden und beschließen.

Gabriele Theuer

... um Kinder zu gebären

Bibelarbeit zu Lea und Rahel (Gen 29–30)

Wenn Frauengestalten in alttestamentlichen Texten auftreten, ist – abgesehen von wenigen Ausnahmen – stets der Themenkreis Heirat, Ehe, Geburt, Kinderlosigkeit, Sexualität und Mutterschaft angesprochen, was zeigt, wie sehr das Leben und die Stellung einer israelitischen Frau von ihrer Rolle als Ehefrau und Mutter bestimmt war. Bezeichnend ist die Schilderung der Ehe Jakobs mit den beiden Schwestern Lea und Rahel.

Ablauf der Eheschließung

Aufschlüsse über den Ablauf der Eheschließung gibt die in Gen 29 geschilderte Episode über die Heirat Jakobs mit den beiden Töchtern Labans, Lea und Rahel. Die ältere und weniger attraktive Lea wird (ohne nach ihren Gefühlen gefragt zu werden) von ihrem Vater Jakob einfach als Ehefrau „untergeschoben", obwohl dieser Laban für die Hand ihrer jüngeren Schwester Rahel sieben Jahre lang diente. Jakob, der die Täuschung erst nach der Hochzeitsnacht bemerkt, muß nun für Rahel, die er erst „im zweiten Anlauf" als zweite Frau bekommt, Laban nochmals sieben Jahre Dienst leisten (Gen 29,18–27).

Wie diese Episode zeigt, war die Abmachung der Eheschließung allein Sache des Bräutigams und des Brautvaters; die Braut selbst wurde in der Regel nicht daran beteiligt. In diesen Hochzeitsverhandlungen zwischen Bräutigam und Brautvater, die jeder Eheschließung vorausgingen, wurde die Bedingungen der Ehe festgelegt, deren Ergebnis manchmal in einem schriftlichen Ehevertrag festgehalten wurde. Vereinbart wurde hier vor allem der vom Bräutigam zu zahlende „Brautpreis" (mohar); weiter konnten auch bestimmte Klauseln zum Schutz der Frau aufgenommen werden, z. B. das Verbot an den Mann, sich weitere Frauen zu nehmen. Mit der Eheschließung, bis zu der die Frau ihre Jungfräulichkeit bewahren mußte, wechselte sie von der Oberhoheit ihres Vaters unter die ihres Mannes über.

Damit die Ehe gültig geschlossen wurde, mußte der Bräutigam dem Brautvater den sog. „Brautpreis" (eine Art Entschädigung an die Brautfamilie für den Verlust des Mädchens als Arbeitskraft) zukommen lassen, der meist 50 Schekel betrug (vgl. Dtn 22,28f). An die Stelle des Geldbetrages konnte – wie im Fall Jakobs – aber auch eine zwischen Brautvater und Bräutigam ausgehandelte Dienstleistung treten (Gen 29,18f).

Daß dabei vor allem die ökonomischen Interessen der Brautfamilie ausschlaggebend waren, zeigt z. B. der Fall der Vergewaltigung einer noch unverlobten Jungfrau. Hier muß der Vergewaltiger das Brautgeld an die Familie des Mädchens zahlen, unabhängig davon, ob er sie zur Frau nimmt oder nicht, da sie nach dem Verlust ihrer Jungfrauenschaft keinen Mann mehr bekommen kann. Ihr Vater kann aber darauf bestehen, daß der Täter seine Tochter heiratet (Ex 22,15f). Die vergleichbare Regelung in Dtn 22,28f verbietet zudem dem Mann, diese Ehe jemals wieder zu lösen, um damit die lebenslange Versorgung der vergewaltigten Frau sicherzustellen. Nach den Gefühlen des Mädchens, die daraufhin ihr Leben lang mit ihrem Vergewaltiger zusammenleben muß, wird in beiden Regelungen nicht gefragt.

Mit der Zahlung des „Brautpreises" galt die Ehe bereits als geschlossen, weshalb sexueller Verkehr mit einem anderen Mann in dieser Phase als Ehebruch galt und mit dem Tod bestraft wurde (vgl. Dtn 22,23–27). Die zweite Phase der Eheschließung bildete die – durch das Hochzeitsmahl eingeleitete – Übersiedlung der Frau in das Haus ihres Ehemannes mit dem Vollzug der Ehe (Gen 29,22f).

Die Mehrehe als legitime Lebensform

Durch die Täuschung Labans kommt es zur Doppelehe Jakobs mit den zwei Schwestern Lea und Rahel, die von ihm zwar ursprünglich gar nicht gewollt war, die aber für Laban vermutlich den Ausweg bildete, seine ältere und weniger attraktive Tochter Lea doch noch zu verheiraten.

Wie in diesem Beispiel mußte die Frau im alten Israel ihren Mann häufig mit einer weiteren Frau teilen, da hier – wie allgemein im Alten Orient – Polygynie (die Ehe mit mehreren Frauen) eine legitime Lebensform für den Mann darstellte, die vom Alten Testament nicht grundsätzlich negativ bewertet wird. Die Jakobs-Erzählung zeigt aber, daß die Ehe mit mehr als einer Frau aufgrund der Eifersucht und Rivalitäten der Frauen untereinander keineswegs den Idealfall darstellte (zur Rivalität der beiden Schwestern siehe den Artikel im nächsten Band „Frauenstreit").

Allerdings versucht auch Laban, seine Töchter vor weiteren Ehefrauen Jakobs zu bewahren. So wird Jakob in dem schließlich zwischen den beiden Männern geschlossenen Bund darauf verpflichtet, seine beiden Frauen nicht schlecht zu behandeln und schon gar nicht weitere Frauen zu ihnen hinzuzunehmen (Gen 31,50).

Die Problematik der Unfruchtbarkeit

Da die Geburt von männlichen Nachkommen, die den Bestand der Familie sichern und den Namen des Mannes fortführen sollten, als zentrales Ziel der Ehe gesehen wurde, war es für die Stellung und das Ansehen der Frau von entscheidender Bedeutung, daß sie ihrem Mann Söhne gebar.

So hofft auch die von Jakob gegenüber ihrer Schwester Rahel zurückgesetzte Lea, allerdings weitgehend vergebens, durch die Geburt ihrer Söhne endlich die Liebe und Zuneigung ihres Mannes zu erringen. So heißt es in Gen 29,32–34: „Lea wurde schwanger und gebar einen Sohn. Sie nannte ihn Ruben (Seht, ein Sohn!), denn sie sagte: Der Herr hat mein Elend gesehen. Jetzt wird mein Mann mich lieben. Sie wurde abermals schwanger und gebar einen Sohn. Da sagte sie: Der Herr hat gehört, daß ich zurückgesetzt bin, und hat mir auch noch diesen geschenkt. Sie nannte ihn Simeon (Hörer). Sie wurde noch einmal schwanger und gebar einen Sohn. Da sagte sie: Jetzt endlich wird mein Mann an mir hängen, denn ich habe ihm drei Söhne geboren. Darum nannte sie ihn Levi (Anhang)."

Wie sehr eine Frau unter ihrer Kinderlosigkeit litt, zeigt der heftige Ausbruch Rahels gegenüber ihrem Mann Jakob: „Verschaff mir Söhne! Wenn nicht, sterbe ich" (Gen 30,1).

Aufgrund der zentralen Bedeutung von Söhnen mußte eine Frau, die lange Zeit kinderlos blieb, damit rechnen, daß ihr Mann, um Söhne zu bekommen, sich noch eine zweite Frau nahm, die nach der Geburt eines Sohnes in eine angesehenere Stellung innerhalb der Familie aufrückte. Einer unfruchtbaren Frau drohte in den verschiedenen altorientalischen Gesellschaften auch das Schicksal, von ihrem Mann verstoßen zu werden. Dies zeigen einige außerbiblische Eheverträge, die den Ehemann ausdrücklich darauf verpflichten, sich bei Kinderlosigkeit seiner Ehefrau erst nach Ablauf einer bestimmten Frist eine weitere Frau zu nehmen, seine erste Frau aber zeit ihres Lebens nicht aus der Ehe zu entlassen. Im Normalfall konnte ein israelitischer Mann seine Frau ohne weiteres aus der Ehe entlassen, wenn er „etwas Anstößiges" bei ihr bemerkte (vgl. Dtn 24,1–4).

Als Ausweg blieb einer unfruchtbaren Frau lediglich, ihrem Mann ihre Magd als „Ersatzfrau" zu geben, damit diese ihm an ihrer Statt Kinder gebären sollte, die dann als ihre eigenen galten. So schickt die wegen ihrer Kinderlosigkeit verzweifelte Rahel Jakob schließlich zu ihrer Magd Bilha: „Da ist meine Magd Bilha. Geh zu ihr! Sie soll auf meinen Knien gebären, dann komme auch ich durch sie zu Kindern" (Gen 30,3). Um ihren „Vorsprung" vor ihrer Schwester und Rivalin Rahel zu behalten, gibt Lea, nachdem Rahels Magd Bilha zwei Söhne geboren hat, Jakob ebenfalls ihre Magd Silpa zur Frau (Gen 30,9). In gleicher Weise gibt Sara, die die Hoffnung auf eigene Kinder aufgegeben hat, ihrem Mann Abraham ihre Magd Hagar zur Frau (Gen 16,1–3). Nach der Zustimmung dieser untergeordneten Frauen wird nicht gefragt.

Stellung der Ehefrau(en)

Nach ihrer Hochzeit konnte die Frau in der Familie ihres Mannes eine unterschiedlich hohe Position einnehmen. Obwohl Lea und Rahel zunächst gleichsam als passives „Objekt" ohne Mitspracherecht von ihrem Vater mit Jakob verheiratet wurden, läßt die Erzählung darauf schließen, daß sie nach der Eheschließung eine recht starke Stellung innehatten. So ergreifen sie die Initiative, um zu Söhnen zu kommen, indem sie Jakob jeweils zu ihrer Magd schicken, was er daraufhin auch ausführt (Gen 30,3f.9; vgl. 30,16). Zudem bestimmt nach der Geburt der Söhne nicht deren Vater Jakob, sondern Rahel bzw. Lea den Namen der Kinder (vgl. Gen 29,32–35; 30,5–13). Das Recht der Namensgebung besitzen jedoch nicht ihre Mägde Bilha bzw. Silpa, auch wenn diese eigentlich die Kinder geboren haben, da jene als Söhne Rahels bzw. Leas gelten. Das Verhalten Jakobs gegenüber seinen beiden Frauen, d. h. die Beziehung der Ehepartner zueinander, wird in der Erzählung nicht weiter thematisiert.

Die Formulierung, daß Rahel wie Lea ihrem Mann Jakob ihre Magd Bilha bzw. Silpa „zur Frau" gaben (Gen 30,4.9) läßt darauf schließen, daß diese beiden Mägde damit in den Rang einer Nebenfrau Jakobs eintraten. Ebenso wird Saras Sklavin Hagar von ihrer Herrin Abraham zur Frau gegeben (Gen 16,3). Dies zeigt, daß ein Mann nicht nur zwei gleichberechtigte Ehen mit zwei Frauen schließen konnte, sondern auch die Möglichkeit besaß, eine Frau als Hauptfrau und daneben eine weitere als Nebenfrau zu haben, die aber eine deutlich niedrigere Stellung als die Hauptfrau besaß.

Die geringere Wertschätzung der Nebenfrau geht auch daraus hervor, daß König David auf seiner Flucht vor Abschalom seine 10 Nebenfrauen im Jerusalemer Palast zurückläßt und damit der Verfügungsgewalt Abschaloms ausliefert, während er seine übrige Familie mit sich nimmt (2 Sam 15,16; vgl. 2 Sam 5,13; 19,6). Die zahlreichen Haupt- und Nebenfrauen des Königs dienten hauptsächlich der Demonstration seiner Macht bzw. politischen Erwägungen.

Aufschlußreich ist weiter eine Bestimmung im Bundesbuch, die erkennen läßt, daß ein verarmter Vater seine Tochter zum Zweck der Verheiratung verkaufen konnte und daß diese damit rechnen mußte, ihr Los mit einer zweiten Frau zu teilen (Ex 21,7–11). Gerade dieser Rechtstext zeigt, daß eine israelitische Ehefrau unterschiedliche Ränge einnehmen konnte. Der Verkauf durch ihren Vater machte aus ihr eine abhängige, unfreie Dienerin (amah), die hoffen mußte, ihrem Käufer als Frau zu gefallen. Falls dieser sie für seinen Sohn ausgesucht hatte, stieg ihr Rang wieder, da er sie nach dem Töchterrecht, d. h. wie eine freie Israelitin, zu behandeln hatte.

Daß die Ehefrau im Alten Israel als Besitz des Mannes galt, zeigen das 9. und 10. Gebot, wo die Frau des Nächsten in einer Reihe mit seinem Haus, Feld, Sklaven und Vieh angeführt wird (Dtn 5,21; Ex 21,17).

Daneben begegnen im AT jedoch auch einige Frauen, die in ihrer Ehe eine große Selbständigkeit besaßen. So leitet z. B. Abigajil zusammen mit ihrem Mann einen großen Wirtschaftsbetrieb; weiter bringt sie – im Gegensatz zur Ablehnung ihres eigensinnigen Mannes – David und seiner Truppe den geforderten Tribut, ohne ihren Mann zu fragen (1 Sam 25). Auch die wohlhabende Frau von Schunem besitzt eine große Handlungsfreiheit und Eigenständigkeit, wie ihre Bewirtung des Propheten Elischa, ihre Veranlassung des Hausumbaus, ihr Umgang mit dem Personal sowie ihr eigenständiger Ritt auf dem Esel zu Elischa und ihre Zielstrebigkeit im Gespräch mit ihm zeigen (2 Kön 4,8–37). In ähnlicher Weise begegnet im „Lob der tüchtigen Frau" (Spr 31,10–31) die Ehefrau als Vorsteherin eines komplexen Wirtschaftsbetriebs, die den großen Haushalt eigenständig verwaltet und selbständig Geschäfte abschließt.

Auch einige Königinnen übten großen Einfluß auf ihren Mann und damit auch auf die Politik des Reiches aus. So setzt z. B. Batscheba gegenüber David durch, daß ihr Sohn Samuel ihm als König nachfolgt. Eine einflußreiche Rolle als Regentin neben Ahab spielt auch die phönizische Königstochter Isebel; hier begegnet eine Frau, die gewohnt ist, politische Geschäfte selbst in die Hand zu nehmen, Beschlüsse zu fassen und ihre Interessen durchzusetzen.

Fazit

Die Texte des AT zeigen, daß die israelitische Frau durch die Heirat in die Familie ihres Mannes eintrat, die sie auf eigene Initiative nicht mehr verlassen durfte. Dort hatte sie immer eine von ihrem Ehemann abhängige Stellung inne, wobei die Sorge um Nachkommenschaft das primäre Thema darstellte. Wenn sie die Ehe einging, wußte sie weiter, daß es ihrem Mann erlaubt war, sich zu ihr noch eine oder mehrere Frauen hinzuzunehmen, falls nicht ein Ehevertrag existierte, der dieses ausdrücklich ausschloß. Andererseits hatte sie auch die Möglichkeit, bei eigener Unfruchtbarkeit ihrem Mann eine „Ersatzgebärerin" (bzw. „Zusatzgebärerin") anzubieten. Ihre Position in der Ehe hing letztlich davon ab, welcher sozialen Schicht sie angehörte, ob sie als Haupt- oder Nebenfrau geheiratet wurde und ob sie ihrem Mann Söhne geboren hatte.

LITERATUR

K. Engelken, Frauen im Alten Israel, Stuttgart u. a. 1990.
I. Fischer, Die Erzeltern Israels, Berlin – New York 1994.
A. Meissner (Hrsg.), Und sie tanzen aus der Reihe. Frauen im Alten Testament, Stuttgart 1992.
L. Schottroff / S. Schroer / M.-T. Wacker, Feministische Exegese, Darmstadt 1995.

1. Auf den Bibeltext zugehen

▷ Vorschlag A: Fotosprache
 – Schritt 1: Im Raum liegen mehrere Bilder, z. B. Hochzeitsbilder, von Paaren aus verschiedenen Kulturen. Jede der Teilnehmerinnen wählt ein Bild aus, das sie spontan anspricht.
 – Schritt 2: Gedankenaustausch im Plenum (bzw. in Kleingruppen): Abhängigkeit der Form der Eheschließung sowie der Position und Stellung der Frau in der Familie von der jeweiligen Kultur, den spezifischen Sitten und Gebräuchen ...
 Daran kann sich ein Gespräch über eigene Erfahrungen in Ehe und Partnerschaft anschließen: Wünsche, Vorstellungen – Realität.

▷ Vorschlag B: Liedbeispiel
 – Die Teilnehmerinnen hören oder lesen das Lied „Frauenleben" von Claudia Mitscha-Eibl.
 – Anschließend ist Raum für einen Gedankenaustausch zur Rolle und Stellung der Frau in Ehe und Familie, in dem deutlich wird, daß dies immer abhängig ist von den jeweiligen gesellschaftlichen Vorstellungen.

▷ Vorschlag C: Metaphermeditation.
 In der Mitte liegt ein Plakat mit der schematischen Darstellung eines Paares und der Aufschrift „Frau von ..." Die Teilnehmerinnen schreiben darauf ihre spontanen Einfälle, Assoziationen, Anfragen ...

2. Auf den Text hören

▷ Die Teilnehmerinnen lesen den Text mit verteilten Rollen (Gen 29,14b–30,13).
▷ Strukturieren des Textes:
 – Die Teilnehmerinnen markieren mit Farbstiften im Text (pro Person 1 Farbe): Wer handelt? Wer dominiert jeweils das Geschehen? (Akteure vor der Eheschließung: Laban und Jakob; nach der Eheschließung Lea und Rahel.)
 – Die Teilnehmerinnen gliedern in Einzelarbeit oder in Kleingruppen den Text in sinnvolle Textabschnitte und formulieren eine Überschrift für jeden Abschnitt.

▷ Gespräch über den Text im Plenum anhand folgender Fragen; Ergänzungen durch die Leiterin:
- Was erfahren wir über den Ablauf der Eheschließung? Welche Rolle spielt die Frau dabei?
- Was erfahren wir über die Beziehung der Ehepartner (Jakob und seine beiden Frauen) zueinander?
- Wie geht Rahel mit ihrer Kinderlosigkeit um? Welchen „Ausweg" findet sie? Ist die Lösung aus unserer Sicht befriedigend?

3. Mit dem Bibeltext weitergehen

▷ Vorschlag A:
Rollenspiel: fiktive Gespräche zwischen Lea und Rahel in verschiedenen Situationen (jew. in einer Kleingruppe):
- nach der Heirat Leas und vor der Heirat Rahels
- die kinderlose Rahel mit der kinderreichen Lea
- nach der Geburt von Söhnen durch Rahels Magd Bilha.

▷ Vorschlag B:
Die Teilnehmerinnen betrachten die Bilder vom Anfang und tauschen sich in der Gruppe aus:
- Welche Grundzüge von Partnerschaft bzw. Ehe, die in den Bildern zum Ausdruck kommen, finden sich in der biblischen Erzählung wieder?
- Was hat sich heute in der Beziehung zwischen Mann und Frau grundlegend geändert?
Es kann sich ein Gespräch über eigene Erfahrungen anschließen, z. B. Auswirkung der Geburt von Kindern auf die Ehe.

▷ Ausklang: Tanz „Sonnenstrahlentanz"
Musik: Andante Maggiore v. Vivaldi auf: R. Lefevre, „Soul symphonies" bzw. Kanon von Pachelbel oder eine andere langsame, getragene Musik.
Schritte für Kreistanz mit durchgefaßten Händen:
- Rechter (re) Fuß rückwärts zurück, linker (li) Fuß rückwärts zurück – Hände senken sich
- re Fuß vorwärts und Gewicht vorverlagern, li Fuß mit Gewicht rückverlagern (Wiegeschritt)
- re Fuß vorwärts und Gewicht vorverlagern, li Fuß vorwärts
- re Fuß nach rechts zur Seite, li Fuß schließt an re Fuß mit Gewicht
- Hände dabei allmählich nach oben.

Lied „Frauenleben"

Du bist die Tochter von einem braven und biederen Herrn,
Deine erste Welt war das rosa Kinderbett.
Du bist der Stolz deiner Eltern, jeder mag dich gern:
„Also Ihr Töchterchen, so herzig und so adrett!"
Und schon von klein auf haben sie dich alles gelehrt,
was du einmal brauchen wirst im Leben:
du sollst der gute Geist im Hause sein
und immer sanft sein und nachgeben.
Du mußt den Papa um den Finger wickeln
und ihm schmeicheln, dann kannst du alles von ihm haben.
Aber wenn du älter wirst und du selber sein willst,
heißt es: „Kind, was tust du deinem Vater an!"

… Du bist die Gattin von einem lieben Mann,
endlich kein Fräulein mehr, sondern eine richtige Frau.
Dein Vater hat dich ihm in Obhut gegeben,
und in der Kirche steckt ihr euch die Ringlein an.
Er erhält dich jetzt und du sorgst für ihn,
und du gehst mit ihm auf Schritt und Tritt.
Du bist „Frau Doktor" geworden oder „Frau Chefin" sogar
und wenn er lieb ist, hilft er ein bißchen im Haushalt mit.
Ja der Mann, der ist der Kopf, der Mann,
der weiß, wie es soll gehen,
und die Frau, die ist der Hals, die Frau,
die weiß den Kopf zu drehen,
und hinter jedem berühmten Mann
steht eine große Frau … und so weiter.

Und wenn du einmal allein auf Urlaub fährst,
o weh, dann hält die Ehe gewiß nicht mehr lang.
Ja und schließlich bist du schwanger geworden,
das glücklichste Ereignis kommt auf dich zu.

Denn endlich, endlich wirst du Mutter sein,
und ein jeder freut sich: „es ist ein Bub!!!"
Und du mußt dich opfern und dich selber aufgeben
erst für den Gatten und jetzt für den Sohn.
Du sollst in ihm deine Erfüllung finden,
sein Erfolg wird einst dein Lohn!
Aber weine nicht, wenn der Abschied kommt,
wenn er seine Freundin nimmt und geht.
Denn gerade, wenn eine Frau glaubt, die Arbeit ist getan,
wird sie Großmutter.

Das alles, Frau, lassen sie dich gerne sein,
aber du bist noch nie du selber geworden.
Du selber, Frau, mit deinem eigenen Leben,
mit deiner Freude und mit deinem Zorn,
mit allem, was du dir denkst in deinem Kopf
und dem Gefühl, das dir im Herzen brennt,
mit dem Wind der Welt in deinen Haaren
und der Kraft in deinen Händen.
Und wenn du Mann und Kinder liebst,
so machen sie doch nicht dein Leben aus,
weil wirklich leben und glücklich sein
kannst du nur aus dir selbst heraus:
mit deiner Stimme, die schreien möchte,
mit deinen Füßen, die selber gehen,
mit deiner Seele, die fliegen kann,
mit deinen Augen, die sehen.

C. Mitscha-Eibl

(© Claudia Mitscha-Eibl; das Lied ist erhältlich auf CD: „Und Mirjam schlug auf die Pauke"; Bestelladresse: Claudia Mitscha-Eibl, Chimanigasse 1, A-2100 Korneuburg)

Martina Eschenweck

„Die Mutter Jesu war dabei" (Zu einem Marienfest)

Bibelarbeit zur Hochzeit zu Kana (Joh 2,1–12)

Das Johannesevangelium verschweigt den Namen jener Frau, die Jesus auf die Welt gebracht hat: Die „Mutter Jesu" ist auf einer Hochzeit in Kana in Galiläa eingeladen, heißt es zu Beginn des zweiten Kapitels, das zugleich den Anfang des öffentlichen Wirkens Jesu markiert. Sie gehört von Anfang an mit den Brüdern und den Jüngern Jesu zum engen Kreis der Jesusgruppe. Damit setzt das vierte Evangelium andere Akzente als die Synoptiker, die von einem spannungsreicheren Verhältnis zwischen Mutter und Sohn wissen wollen.

Mutter-Sohn

An der Erzählung von der Hochzeit in Kana in Galiläa fällt auf, daß die Mutter Jesu noch vor Jesus und seinen Jüngern zu dieser Hochzeit kommt, wohl auch vorrangig eingeladen wurde. Sie ist es, die bemerkt, daß der Wein, das damals typische Hochzeitsgetränk, auszugehen droht und daß dadurch das Fest ein vorzeitiges Ende finden könnte. Sie ergreift die Initiative, wendet sich an ihren Sohn und macht ihn auf die Notlage aufmerksam: „Sie haben keinen Wein mehr." Unausgesprochen bleibt, was Jesus der Meinung seiner Mutter nach tun kann, um diesem Mangel abzuhelfen und warum sie sich gerade an ihn wendet. Aber gerade die schroffe Antwort Jesu deutet darauf hin, daß diese beiden Menschen noch etwas anderes verbindet als die verwandtschaftliche Bindung zwischen Mutter und Sohn: „Was willst du von mir, Frau? Meine Stunde ist noch nicht gekommen." Eine deutliche Abfuhr, wobei es für die eigene Mutter fast beleidigend ist, mit „Frau", einer sonst nur für unbekannte Frauen üblichen Anrede, angesprochen zu werden. Doch sie reagiert nicht unmittelbar ihrem Sohn gegenüber darauf. Diese Mutter scheint zu wissen oder zumindest intuitiv zu ahnen, daß dieser ihr Sohn mehr als nur ihr Sohn ist, jemand Größerer. Vertraut sie darauf, daß er dennoch auf ihre nur indirekt geäußert Bitte eingehen wird? Hört sie in der Entgegnung ihres Sohnes noch etwas anderes mit, nämlich die Frage: „Was meinst du eigentlich mit diesem Satz ‚Sie haben keinen Wein mehr'? Geht es dir um den Wein allein oder um etwas Größeres?"

Der Text gibt keine eindeutige Auskunft. Er sagt zunächst nur, daß die Mutter Jesu sich nicht aus der Ruhe bringen läßt. Vielmehr tritt sie, obwohl selbst nur Gast und deshalb für den Verlauf des Festes nicht verantwortlich, selbstbewußt den Dienern gegenüber und weist sie an, zu tun, was der Festgast Jesus ihnen sagen wird – noch bevor Jesus selbst zu ihnen gesprochen hat. Indirekt antwortet sie so ihrem Sohn auf dessen Frage: „Handle so, wie du es für gut hältst. Ich weiß, daß du derjenige bist, der den Menschen die Freude Gottes bringt. Ich vertraue darauf, daß du es nicht darauf ankommen läßt, daß dieses Fest ein vorzeitiges Ende findet." Und gerade ihre Beharrlichkeit, die die scharfe Zurückweisung ihres Sohnes zu ignorieren scheint, sorgt so für den Fortgang der Handlung: Jesus weist nun seinerseits die Diener an, bereitstehende leere Krüge mit Wasser zu füllen. Kein Wort und keine Geste zeigen an, daß Jesus ein Zeichen vollbringt. Erst der überraschte Mann, der – für das Festmahl verantwortlich – das zu Wein gewordene Wasser kostet und nicht weiß, woher dieser Wein kommt, bestätigt als am bisherigen Geschehen Unbeteiligter und ohne davon zu wissen, das Wunder.

Beiläufig wird von der Mutter weitererzählt ...

Die Diener wissen, woher der Wein kommt; die Jünger Jesu glauben an ihn, weil sie in diesem Zeichen die Offenbarung seiner Herrlichkeit sehen. Die Reaktion seiner Mutter wird wiederum nur indirekt erwähnt: Sie, die vor Jesus und seinen Jüngern auf der Hochzeit eingetroffen ist, verläßt, hinter ihm hergehend, das Fest: „Danach zog er mit seiner Mutter, seinen Brüdern und seinen Jüngern nach Kafarnaum hinab. Dort blieben sie einige Zeit."

Die Mutter Jesu reiht sich ein in die Gruppe derer, die mit Jesus gehen, ihm nachfolgen. Sie wird an erster Stelle genannt. Von ihr wird nicht – wie von den Jüngern – gesagt, daß sie an Jesus glaubt. Sie hat aber wohl ebenfalls erkannt, wer dieser ihr Sohn Jesus ist, bereits zu einer Zeit, die vor der hier erzählten liegen muß. Hätte sie sonst darauf vertraut, daß es in seiner Macht liegt, das Fest vor dem Scheitern zu bewahren und dafür zu sorgen, daß es wieder genug Wein gibt? „So tat

Jesus sein erstes Zeichen, in Kana in Galiläa" – auf das Drängen seiner Mutter hin. Sie sorgt dafür, daß ihr Sohn an die Öffentlichkeit tritt. Dann verschwindet sie aus den Erzählungen des Johannesevangeliums, bis sie unter dem Kreuz ihres Sohnes wieder erscheint, neben ihr der Lieblingsjünger, der ihr nun als Sohn anvertraut wird und dem sie von jetzt an Mutter sein soll. Sie hat wohl den Weg ihres Sohnes begleitet, ist mit ihm mitgezogen. Ob sie auch erkannt hat, daß hier am Kreuz „die Stunde gekommen" ist, in der die Herrlichkeit Jesu endgültig offenbar werden soll?

Bibelarbeit

▷ Für die Bibelarbeit in der Gruppe ist folgendes vorzubereiten: Bilder für die Fotosprache; Textblätter; evtl. Stifte; eine Schüssel mit Wasser; zwei Krüge; Wein oder Traubensaft.

1. Mein Bild von Maria

Wer vorschlägt, sich mit Maria, der Mutter Jesu, zu beschäftigen, muß gewärtig sein, daß gerade diese Frauengestalt eine Flut von Bildern in uns wachruft. Solche „mitgebrachten" Bilder gilt es, zunächst bewußt und sichtbar zu machen, damit Raum für neue Entdeckungen geschaffen wird.

▷ Verschiedene Bilder werden ausgelegt: Bilder von Frauen, mit und ohne Kinder, in verschiedenen Lebensaltern, bei verschiedenen Tätigkeiten, aus verschiedenen Ländern und Kulturkreisen.
▷ Jede Teilnehmerin wird eingeladen, sich ein (oder mehrere) Bild(er) auszuwählen: „Wie stelle ich mir die ‚Mutter Jesu' vor? Welches der ausgelegten Bilder entspricht meiner Vorstellung von Maria?" Anschließend stellt jede Teilnehmerin ihr Bild vor. Ergänzender Impuls: „Wie geht es mir mit den ‚üblichen' Bildern von Maria?"

2. In Kana in Galiläa fand eine Hochzeit statt ...

Ein wie auch immer fixiertes Bild von der Mutter Jesu kann durch die eigene Auseinandersetzung mit dem Text bzw. mit dem, was die Begegnung mit dem Text in jeder einzelnen auslöst, in Bewegung geraten. Wie hätte ich reagiert, wenn ich an der Stelle der Mutter Jesu gewesen wäre? Wie erlebe ich die Abweisung durch Jesus? Kann ich dieses fast selbstverständliche Vertrauen, daß Jesus den Mangel beheben wird, teilen? Wie gehe ich von diesem Fest weg, wo ist mein Platz gegenüber diesem Sohn?

▷ Die Teilnehmerinnen erhalten den Text Johannes 2,1–12. Der Text kann mit verteilten Rollen gelesen werden: Erzählerin, Mutter Jesu, Jesus, Verantwortlicher für das Festmahl.

▷ Anschließender Impuls: „Was erfahren wir aus dem Text über die Mutter Jesu?" Je nach Größe der Gruppe kann die Frage im Plenum oder in Kleingruppen bearbeitet werden. Die Ergebnisse werden im Plenum zusammengetragen und besprochen.

▷ Die Teilnehmerinnen werden nun eingeladen, sich in die Person der Mutter Jesu hineinzuversetzen. Die Leiterin liest den (ganzen) Text langsam in Abschnitten vor und unterbricht dort, wo sich Selbstgespräche anbieten bzw. nach jedem einzelnen Vers: Die Teilnehmerinnen füllen die Pausen mit den Gedanken, die die Mutter Jesu in diesem Moment des Textes haben könnte, lose, in lockerer Reihenfolge.

Die Leiterin sollte darauf achten, daß sie nicht zu schnell weiterliest, die Pausen aber auch nicht zu lang werden. Am Ende kann ein kurzer Austausch über die Erfahrungen mit dieser Übung stehen.

3. Vertiefendes Gespräch

▷ In die Mitte der Teilnehmerinnen werden biblische Erzählfiguren gestellt oder ausgeschnittene Papierfiguren gelegt, die die Mutter Jesu und Jesus darstellen sollen.

Die Teilnehmerinnen tauschen sich aus zur Frage: Was ist mir an der Mutter Jesu neu aufgegangen, neu wichtig geworden?

Vielleicht können sie auch das, was ihnen wichtig geworden ist, Maria direkt sagen. Die Sätze beginnen jeweils:

„Und Dir, Mutter Jesu möchte ich noch sagen …"

▷ Dazu alternativ kann der Abend auch folgendermaßen beendet werden:

„ … das Wasser, das zu Wein geworden war"
Die Mutter Jesu hat erkannt, daß das Fest durch den Mangel an Wein in die Nähe des Scheiterns gerät und sorgt auf ihre Weise für Abhilfe. Welcher Mangel kann das Fest meines Lebens in Gefahr bringen?

Wer schenkt mir den „besseren" Wein ein?

Eine Schüssel mit Wasser und ein Krug (mit weiter Öffnung) werden in die Mitte gestellt.

Impuls: „Bei der Hochzeit zu Kana geht der Wein aus, und die Mutter Jesu sagt es ihm: ‚Sie haben keinen Wein mehr'. Jesus fordert die Diener auf, Wasser in die Krüge zu füllen. Wasser kennen wir aus unserem Alltag, wir haben ständig damit zu tun: beim Waschen, Kochen, Putzen … Vielleicht haben wir manchmal das Gefühl, daß auch uns der Wein ausgeht, daß etwas fehlt, was unserem Alltag mehr Geschmack geben kann: Freude, Phantasie, Hoffnung … Ich lade Sie ein, bei sich nachzuschauen, wo Ihnen ‚der Wein ausgeht', was Ihnen mangelt. Jede benennt ihren Mangel mit einem kurzen Satz: ‚Ich habe kein … mehr', ‚mir ist … ausgegangen' und schöpft dazu mit der hohlen Hand Wasser in den Krug."

Wenn alle ihren Satz ausgesprochen und Wasser in den Krug gefüllt haben, wird ein zweiter Krug mit Wein (oder Traubensaft) in die Mitte gestellt. Jede Teilnehmerin bekommt ein Glas. Die Leiterin spricht vor: „Wein gegen den Tod, schenk dich uns in unsre Not, daß wir trinken, daß wir leben, daß wir singen, daß wir lieben, Wein für das Leben, Wein." Alle wiederholen diesen Satz. (Das ist die 2. Strophe des Liedes „Brot, Brot, Brot, Brot gegen den Tod" von Alois Albrecht. Falls das Lied bekannt ist, kann die Strophe auch gemeinsam gesungen werden.) Dann wird der Wein bzw. der Traubensaft eingeschenkt. Wenn alle etwas haben, wird ein Schluck probiert.

Die Teilnehmerinnen werden eingeladen, nachzudenken, was ihnen in ihren Mangel hinein geschenkt wird: welche Fülle sie neu erleben, welchen Geschmack am Leben sie neu entdecken, wo und wie sie die in diesem Zeichen offenbarte Herrlichkeit spüren. Sie können das in einer Art „Trinkspruch" formulieren: „Auf die, die meine Leere füllt!", „Auf den, der mir die Angst nimmt"!

▷ Ein gemeinsames Lied schließt ab: Z. B. „Unser Leben sei ein Fest"; „Der Himmel geht über allen auf"; „Danket, danket dem Herrn".

▷ Der Abend kann mit einem Beisammensein bei Brot und Wein ausklingen.

Beate Wehn

Begegnungen mit dem Tod

Bibelarbeit zu (Über-)Lebensgeschichten von Witwen

Eine Handvoll Mehl und ein wenig Öl (1 Kön 17,12) –
Vom Kampf ums tägliche Brot

Das hebräische Wort almana bezeichnet eine Frau, die ihren Mann
durch Tod verloren hat. Im Ersten Testament werden Witwen, Waisen
und Fremde oft zusammen genannt. Allen drei Gruppen fehlen absi-
chernde soziale Strukturen. Auf sich allein gestellt sind sie von Armut,
Verelendung, Übervorteilung besonders bedroht. Witwen waren in der
Regel arm, auch wenn sie einfache Häuser (1 Kön 17,8–24; 2 Kön
4,1–7), etwas Hausrat oder ein Stück Vieh (Ijob 24,3) oder einen Acker
(Spr 15,25) besaßen. Und selbst dieser karge Besitz konnte ihnen relativ leicht genommen werden, wenn der rechtliche und praktische
Schutz durch männliche Angehörige fehlte. Deshalb stellt die Bibel
Witwen unter Gottes besondere Obhut: „... den Grenzstein der Witwe
wird er schützen" (Spr 15,25).

In eine besonders elende Lage gerieten Witwen, die gezwungen waren, Schulden aufzunehmen oder ein schon zu Lebzeiten des Mannes
bestehendes Schuldverhältnis zu übernehmen. Eine Dürrezeit mit Ern-
teausfällen genügte, um eine Witwe zu zwingen, ihren Besitz für ein
Darlehen zu verpfänden, um zu überleben. Was passierte, wenn kein
Besitz mehr zu verpfänden war oder ein Darlehen nicht zurückgezahlt
werden konnte, zeigt 2 Kön 4,1: „Und es schrie eine Frau ... zu Elischa
und sprach: Dein Knecht, mein Mann, ist gestorben ... Nun kommt der
Schuldherr und will meine beiden Kinder zu leibeigenen Knechten."
Fortschreitende Verelendung ist hier vorprogrammiert, denn Kinder
mußten schon früh zum Lebensunterhalt der Familie beitragen. Fiel ihre Mitarbeit weg, wurde es noch schwieriger, aus der Verschuldung her-
auszukommen.

Unrecht gegen Witwen wird auch in den prophetischen Anklagen
angeprangert: „Weh denen, die unrechte Gesetze machen, und den
Schreibern, die unrechtes Urteil schreiben, um die Sache der Armen zu

beugen und Gewalt zu üben am Recht der Elenden in meinem Volk, daß die Witwen ihr Raub und die Waisen ihre Beute werden!" (Jes 10,1f)

Die israelitisch-jüdische Praxis sah es als normal an, daß eine Witwe wieder heiratete. Es gab die sogenannte Leviratsehe: Der Bruder des Verstorbenen heiratete dessen Witwe, und das erstgeborene männliche Kind wurde dem Verstorbenen zugerechnet. So blieb dessen Name in Erinnerung (Dtn 25,6). Auch für allein und/oder mit kleinen Kindern dastehende Witwen konnte die Wiederverheiratung von Vorteil sein, da sie ihnen den rechtlichen Schutz und die wirtschaftliche Hilfe einer Familie/Sippe verschaffte. Im Haus ihres Vater oder bei erwachsenen Söhnen konnten sie ebenfalls unterkommen, mußten aber hart arbeiten, um zum Lebensunterhalt der Familie beizutragen. Für ältere Witwen wird das Überleben aus eigener Kraft besonders hart gewesen sein.

Du sollst der Witwe nicht das Kleid zum Pfand nehmen (Dtn 24,17) – Schutzbestimmungen

Die Notwendigkeit von Schutzmaßnahmen gegen das Verhungern und des Verbots, die Schwächsten der Gesellschaft zu bedrücken, zeigt Ijob 24,1ff sehr eindrücklich: „Die Gottlosen verrücken die Grenzen, rauben die Herde und weiden sie. Sie treiben den Esel der Waisen weg und nehmen das Rind der Witwe zum Pfande. Sie stoßen die Armen vom Wege, und die Elenden im Lande müssen sich verkriechen. ... Sie (die Ärmsten) liegen in der Nacht nackt ohne Gewand und haben keine Decke im Frost. ... Man reißt das Waisenkind von der Mutterbrust und nimmt den Säugling der Armen zum Pfande. Nackt gehen sie einher ohne Kleider, und hungrig tragen sie Garben." Deshalb wird dem Gläubiger geboten, den zum Pfand genommenen Mantel des/der Armen noch vor Sonnenuntergang an diese/n zurückzugeben, denn sein Mantel ist seine einzige Decke für seinen Leib; worin soll er sonst schlafen? (Ex 20,25f)

Etliche Schutzbestimmungen, wie z. B. die Nachlese, konnten nur die gröbste Not der Armen lindern: „Wenn du auf deinem Acker geerntet und eine Garbe vergessen hast auf dem Acker, so sollst du nicht umkehren, sie zu holen, sondern sie soll dem Fremdling, der Waise und der Witwe zufallen ..." (Dtn 24,19). Ebenso soll beim Abernten von Ölbäumen und im Weinberg verfahren werden (Dtn 24,20f; vgl. Rut 2). Da sich vermutlich viele Arme um wenige Überreste bemüht haben, wird der Ertrag der Arbeit gering gewesen sein. Allein nachlesende Frauen mußten zudem befürchten, von männlichen Arbeitern sexuell bedrängt zu werden (Rut 2).

Weitere Schutzbestimmungen waren das Sabbatjahr, in dem die Gläubiger ihren Schuldnern die Schulden erlassen sollen, und der Armenzehnt, wonach im dritten und sechsten Jahr ein Zehntel dessen, was nach der Entrichtung der sonstigen vorgeschriebenen Abgaben vom Ernteertrag übrigblieb, den Armen zu geben war (vgl. Dtn 14,28f; Tob 1,6–8).

Die Lebenssituation der Witwe ist in der Bibel Sinnbild für ein elendes, einsames und schutzlos preisgegebenes Dasein. Kinderlosigkeit oder Unfruchtbarkeit verstärkten das Elend, denn so schwand auch die Hoffnung auf etwas bessere Tage durch die Mitarbeit der Kinder oder den Schutz durch erwachsene Söhne. Die biblische Tradition stellt Witwen und Waisen deshalb unter Gottes besonderen Schutz und sichert ihnen seine Parteilichkeit und Gerechtigkeit zu: Er hilft dem Armen ohne Ansehen der Person und erhört das Gebet des Unterdrückten. Er verachtet das Gebet der Waisen nicht noch die Witwe, wenn sie klagt. Die Tränen der Witwen fließen die Backen herab und schreien gegen den, der sie hervorgerufen hat ... Das Gebet der Elenden dringt durch die Wolken und läßt nicht ab, bis es vor Gott kommt, und hört nicht auf, bis der Höchste darauf achtet (Sir 35,16–21).

Verschaff mir Recht gegen meinen Feind! (Lk 18,3) – Witwen im Neuen Testament

Die Situation der Witwen in den Evangelien kann auf dem Hintergrund des ersttestamentlichen Befundes verstanden werden. Selbst die Heiratsurkunde (ketuba), die Witwen eine Mindestsumme von 200 Denaren aus dem Vermögen des Ehemannes zusicherte, konnte nur dann eine erste Versorgung gewährleisten, wenn entsprechendes Vermögen vorhanden war.

Die hartnäckige Witwe (Lk 18,1–8) hat es mit einem ungerechten Richter zu tun, der sich weigert, ihr Recht gegen ihren Widersacher zu verschaffen, der ihre Existenz zu bedrohen scheint. Daß dieses Gleichnis auf historischen Fakten beruht, zeigen u. a. Urkundenfunde in der Wüste Juda. In einer Höhle fand man den gesammelten Prozeßschriftverkehr einer Witwe namens Babata vom Anfang des 2. Jh.s. Der Richter in Lk 18,1–8 verstößt gegen die Weisung der Tora, Witwen und Waisen nicht zu bedrücken (Ex 22,21f). Seinem ungerechten Handeln stehen Gottes Gerechtigkeit und Zuwendung zu den Elenden der Gesellschaft gegenüber (vgl. Sir 25,26ff). Er läßt die Macht der ungerechten Richter nicht das letzte Wort behalten, so wie das prophetische Magnifikat der Maria (Lk 1,46–56) den politisch, sozial und ökonomisch unterdrückten Menschen im römischen Reich eine Vision von Befreiung und Sattwerden verkündet.

Mk 12,41–44 par wird von einer Witwe erzählt, die im Tempel 2 Lepta (= 1 röm. Quadrans = kleinste Münze im röm. Münzsystem) opfert. Der Betrag stellt ihre gesamte Habe dar und genügt nicht einmal, um ein Brot zu kaufen. Die Witwe wird zu den Ärmsten, den bettelarmen Menschen, gehört haben, die hungerten und infolgedessen krank und arbeitsunfähig wurden. Die Unterstützung armer Menschen wurde durch die jüdischen Ortsgemeinden geregelt. Eine solche Praxis wurde als Tun der Gerechtigkeit Gottes, auf das die Ärmsten einen Anspruch hatten, verstanden.

Stricke des Todes hatten mich umfangen – Eine Witwe erfährt die Nähe Gottes (Lk 7,11–16)

Stricke des Todes haben mich umfangen (Ps 116,3) – so könnte die Witwe in Nain ihren Schmerz beschreiben: Nach ihrem Mann verliert sie nun ihren einzigen Sohn. Lk 7,12 beschreibt die neue Lebenssituation der Mutter mit wenigen Worten, aber so, daß alle wissen: Hier geht es um den Verlust eines Kindes, Verzweiflung, drohende Einsamkeit, wahrscheinlich wirtschaftliche Not, um Hunger und Zukunftsangst. Stück für Stück wurde die Familie, die einen gewissen ökonomischen und sozialen Rückhalt bot, vom Tod auseinandergerissen.

Jesus und die Menschen bei ihm begegnen der weinenden Witwe und dem Trauerzug. Mit der am Trauergewand erkennbaren Mutter klagen sie nach der Tradition lauthals. Jesus jammerte die Frau (Lk 7,13). Marlene Crüsemann weist darauf hin, daß das hier verwendete griechische Verb für „jammern" von den Eingeweiden als Sitz tiefster und heftigster Gefühle abgeleitet ist und auf das hebräische Wort für Mutterschoß/Gebärmutter zurückgeht. Das Erbarmen Gottes wird hier also als mütterliches Gefühl beschrieben. Indem Jesus der verwaisten Mutter ihren Sohn lebendig zurückgibt, erfährt sie, daß Gott wie eine Mutter für sie sorgt. Durch das neu geschenkte Leben ihres Sohnes bekommt auch sie selbst ein Stück Leben zurück.

Gott hat sein Volk besucht (Lk 7,16) – das ist die Empfindung der Menschen, die das Wunder und die Freude der Witwe miterleben. Damit drücken sie aus: Gott ist in unserer Nähe, sieht unser Elend und greift ein! In den getrockneten Tränen einer namenlosen Witwe wird das Reich Gottes lebendig.

Lk 7,11–16 knüpft an 2 Kön 4,8ff und 1 Kön 17,17ff an, Erzählungen über Wunder der ersten Propheten Israels. In 2 Kön erweckt Elischa den einzigen Sohn einer Witwe in Schunem, das in der Nähe von Nain liegt, vom Tode. Ähnliches wird von Elija (1 Kön) berichtet. „Er gab ihn seiner Mutter" (Lk 7,15) ist ein fast wörtliches Zitat von 1 Kön 17,23. Diese Verknüpfung zeigt, daß die Wahrnehmung der armseligen Lebenssituation von Witwen sich auch durch die gesamte biblische Tradition zieht, daß sie Jesus in die Linie der Propheten Israels stellt und an der Parteilichkeit Gottes für die Schwächsten und Ärmsten der Gesellschaft festhält, die spürbar ist, wo praktische Hilfe und Solidarität von Menschen Not lindert.

LITERATUR

Marlene Crüsemann, 16. Sonntag nach Trinitatis – Lk 7,11–16, in: H. Barié u. a. (Hg.), Calwer Predigthilfen Neue Folge V/2, Stuttgart 1995, 162–169.
Luise Schottroff, Lydias ungeduldige Schwestern. Feministische Sozialgeschichte des frühen Christentums, Gütersloh 1994.
Willy Schottroff, Die Armut der Witwen, in: M. Crüsemann, W. Schottroff (Hg.), Schuld und Schulden Biblische Traditionen in gegenwärtigen Konflikten, München 1992, 54–89.
Michael Tilly, So lebten Jesu Zeitgenossen. Alltag und Frömmigkeit im antiken Judentum, Mainz 1997.
Marie-Theres Wacker, Eine Frau findet den Gott der Armen (1 Kön 17,2–24), in: E.-R. Schmidt u. a. (Hg.), Feministisch gelesen Bd. 2, Stuttgart 1989, 127–137.

Bibelarbeit

1. Auf den Bibeltext zugehen

▷ Die Frauen tauschen sich aus über die Frage:
  – Wie sieht die Realität von Witwen heute aus?
  – Welche Bedeutung haben Kinder und Familie für sie?

55

2. Den Bibeltext begreifen

▷ Der Text Lk 7,11–16 wird gemeinsam gelesen.
▷ Die Teilnehmerinnen bearbeiten den Text unter der Fragestellung:
  Was erfahren wir über die Witwe in diesem Text?
▷ In einem zweiten Schritt vergleichen sie die Stelle mit anderen biblischen Textstellen, die über Witwen sprechen, z. B. 1 Kön 17, Lk 18,1-8, Mk 12,41–44.
▷ Die Informationen werden zusammengetragen, die Leiterin ergänzt fehlende Informationen.

3. Mit dem Bibeltext weitergehen

▷ Eine Schreibwerkstatt zu Lk 7,11–16
  In Einzelarbeit können die Frauen einen eigenen Text schreiben, z. B. eine Nacherzählung von Lk 7,11–16 aus ihrer Perspektive und ihrem (neuen) Wissen über Witwen in biblischer Zeit! Dabei könnten sie sich vorstellen: Wie mag die Witwe vor dem Tod ihres Sohnes gelebt haben? Welche Ängste und Hoffnungen mögen sie bewegt haben?
  Vielleicht haben einige Teilnehmerinnen auch Interesse, einen Klage- oder Lobpsalm der Witwe zu schreiben! Die Psalmen bieten „Textbausteine", die Sie zur Grundlage nehmen können, denn Psalmen waren Gebrauchstexte im Leben des Volkes. Sie halfen, Sprachlosigkeit angesichts von Schrecken, Angst und Leid, aber auch übergroßen Jubel in Worte zu fassen.

▷ Die Geschichte geht weiter …
  Vielleicht haben die Frauen auch Lust, die Geschichte der Witwe von Nain weiter zu spielen, oder sie spielen eine Szene, wie sich die Kunde von dieser Begebenheit weiter verbreitet (Lk 7,17) – vielleicht besonders in den Kreisen von Frauen und Witwen …?

Petra Heilig

„Jetzt, meine Schwester, rede laut!"

Bibelarbeit zur Vergewaltigung Tamars durch ihren Halbbruder Amnon
(2 Sam 13,1–22)

Wenn wir Tamar begegnen und von ihrem Leben hören, werfen wir auch einen Blick „hinter die Kulissen" biblischer Geschichten: Wir lesen von erfolgreichen, mächtigen und reichen Männern und einer schönen Prinzessin, deren Name „Tamar" (Dattelpalme) für das Urbild des Lebens, den beschützenden Lebensbaum steht. Doch diese scheinbar „heile" und glanzvolle Welt erweist sich als bedrohlich und vernichtend, wenn wir durch Tamar erfahren, wie Frauenleben auf diesem Hintergrund tatsächlich aussah: Das Urbild des Lebens, Tamar, erlebt Schmerzen, Leid und den sozialen Tod. Die schöne Prinzessin, Traum- und Wunschbild vieler Mädchen und Frauen, wird vergewaltigt. Die königlichen Männer sind Täter, die Frauen zur Befriedigung ihrer Bedürfnisse ge- und mißbrauchen. Tamars Geschichte lehrt uns mißtrauisch zu sein, sie lehrt uns die Realität von Frauenleben in einer Gesellschaft, die von Männern maßgeblich bestimmt wird – damals und heute!

Keine einfache Geschichte – drei Überschriften für 2 Sam 13,1–22

Wir können die biblische Schilderung der Vergewaltigung Tamars durch Amnon aus verschiedenen Blickwinkeln lesen: als „Zwischenspiel" aus der Perspektive der Männergeschichtsschreibung; als Schilderung eines sexuellen Mißbrauchs innerhalb einer Familie, dem „Spiel ohne Grenzen" und schließlich als Widerstands- und Leidensgeschichte einer Frau namens Tamar im Zusammenhang mit Religion und Gott – „(K)ein Passionsspiel".

1. Die „Schändung" der Königstochter Tamar als „Zwischenspiel" der göttlichen Bestrafung Davids und des Kampfes seiner Söhne um die Thronnachfolge

Das 2. Samuelbuch ist Teil einer planvoll angelegten Geschichtsschreibung und -deutung des Gottesvolkes Israel. Im Mittelpunkt steht David, sein Aufstieg zum König über Israel und Juda, seine Regierungszeit und die Auseinandersetzungen seiner Söhne um die Thronnachfolge. Tamars Geschichte ist uns vielleicht nur deshalb darin überliefert, weil sie ein „Dramatisierungselement", ein „Zwischenspiel" der David und Söhne-Geschichten darstellt. Gleichzeitig ist sie aber auch ein weiteres Beispiel dafür, wie Frauen von Männern als „Mittel zum Zweck" sexueller Befriedigung und politischer Machtspiele benutzt werden. Vorher (in 2 Sam 11–12) wird erzählt, wie David mit Batseba Ehebruch begeht, dann ihren Mann Urija in den Tod schickt und daraufhin von Natan göttliche Bestrafung und Unheil für das Königshaus prophezeit bekommt. Sowohl der Tod des Sohnes von Batseba und David, als auch die Vergewaltigung der Prinzessin Tamar werden als „Erfüllung" dieser Strafandrohung verstanden. Ein ganz eigenes Thema wäre es, hier nach dem vermittelten Gottesbild zu fragen und dem Verständnis von Gottes Gerechtigkeit, wenn dabei Frauen als „Vollstreckungswerkzeuge" benutzt und vernichtet werden.

Als „Zwischenspiel" der Thronfolgekämpfe gelesen, beginnen wir daran zu zweifeln, daß die Vergewaltigung Tamars tatsächlich der Hauptgrund für die nachfolgende Ermordung Amnons durch Abschalom ist (in 2 Sam 13,23–39), auch wenn sich im Text Hinweise für die Verbundenheit und Zuneigung Abschaloms zu seiner Schwester finden lassen: sie haben dieselbe Mutter, Maacha; sie werden beide als „schön" bezeichnet und Abschalom nennt seine ebenfalls schöne Tochter später „Tamar" (14,2–7). Trotzdem bleibt der Verdacht, daß Abschalom hier vor allem seine eigenen Pläne verfolgt. Vielleicht ergreift Abschalom hier auch die Chance, den unmittelbaren Thronfolger legitim aus dem Weg zu räumen, denn die damalige Gesellschafts- und Rechtsordnung fordert von ihm, die sexuelle Gewalttat an seiner Schwester als Schädigung seines „Eigentums" zu ahnden (vgl. Lev 20,17). Außerdem kann er sich gleichzeitig positiv als Held und guter Bruder präsentieren. Abschalom sichert sich über Tamars Schweigen (13,20) auch die Möglichkeit, still und heimlich seine Rache vorzubereiten. Sein „Schweigen" ist nicht tröstend gemeint – das wäre die einzige Stelle in der Hebräischen Bibel, in der dies der Fall wäre – sondern verbietet ihr, selbst aktiv zu werden.

2. Amnon vergewaltigt seine Schwester Tamar: die biblische Darstellung eines „Spiels ohne Grenzen". 2 Sam 13,1–22 als Beschreibung der Vorbereitung und Durchführung von sexuellem Mißbrauch im Familienkontext und den Folgen

Unter dieser Überschrift gelesen, verstehen wir den Bibeltext auch bereits als Darstellung der Leidens- und Widerstandsgeschichte einer Frau in einem spezifischen sozialen, kulturell-rechtlichen und religiösen Kontext.

TAMAR LEBT IN EINER FAMILIE, EINEM SOZIALGEFÜGE, IN DEM MÄDCHEN UND FRAUEN WARENCHARAKTER HABEN UND FÜR POLITISCHE ZWECKE VERWENDET WERDEN, etwa indem über die Verheiratung einer Tochter politische Bündnisse hergestellt werden. Unversehrte Jungfräulichkeit hebt dabei ihren „Marktwert". Vergewaltigung ist somit ein Eigentumsdelikt, eine Schädigung des Eigentums von Vater, Bruder oder Ehemann durch die „Wertminderung" ihres Tauschobjekts.

MÄDCHEN UND FRAUEN SIND OBJEKTE MÄNNLICHER SEXUALITÄT; SIE SIND ZUSTÄNDIG FÜR DAS WOHLERGEHEN VON MÄNNERN UND FÜR DIE BEFRIEDIGUNG IHRER SEXUELLEN BEDÜRFNISSE:
Im Umgang mit Batseba (in 2 Sam 11–12) hat König David seinen Söhnen bereits vorgelebt, wie „Mann" mit Frauen umgehen kann; nun greift die soziale Vererbung: auch Amnon betrachtet seine Schwester Tamar als Sexualobjekt, das er sich folgenlos nehmen kann. Tamar wiederum hat vermittelt bekommen, daß sie als Frau selbstverständlich für das Wohlergehen von Männern zuständig ist – daran ändert auch ihr Status als Prinzessin nichts. David verfügt daher über sie: „Geh in das Haus Amnons, deines Bruders. Mach Essen für ihn." Mädchen und Frauen lernen dabei nicht, an ihr eigenes Wohl zu denken und sich dem Anspruch von Männern zu verweigern; so kann Tamar nicht zu David sagen: „Schicke doch Abschalom zu seinem Bruder Amnon, daß er ihn pflegt und bekocht!" Daß die Sorge um das Wohlergehen eines Mannes oft auch die sexuelle Verfügbarkeit einschließt, zeigt ein weiteres Beispiel des Umgangs von David mit Frauen: als David alt geworden ist, „besorgen" ihm seine Gefolgsleute eine Jungfrau namens Abischag, die ihn versorgen, pflegen und ihm sexuell zur Verfügung ste-

hen soll (vgl. 1 Kön 1–4). Die Dienstleistungen von Frauen an Männern beinhalten also auch sexuelle „Dienste" – aber das weiß Tamar (noch) nicht! Frauen und Mädchen wird keine eigenständige – gar von Männern unabhängige – Sexualität zugestanden. Frauen sind entweder jungfräuliche Tauschobjekte, entehrte Lustobjekte oder verheiratete Gebär- und Versorgungsobjekte.

DIE FAMILIENBEZIEHUNGEN ERMÖGLICHEN DIE VERGEWALTIGUNG TAMARS UND VERHINDERN, DASS SIE ANSCHLIESSEND GERECHTIGKEIT ERFÄHRT.

Auch heute wird uns noch vielfach vermittelt, daß Mädchen und Frauen innerhalb der Familie vor sexueller Gewalt geschützt sind. Zwar haben wir inzwischen „gelernt", daß Väter Täter sein können, aber sexuell gewalttätige Brüder sind weiterhin ein Tabuthema. Das Sozialgefüge Familie schaft so die Basis und den Rahmen für ein perfektes Verbrechen: als *„Bruder"* kann Amnon die *„Schwester"* anfordern und Tamar *muß* ihm zu Diensten sein. Und da ihr durch den *„Bruder"* ja scheinbar keine sexuellen Übergriffe drohen, *darf* sie auch zu ihm gehen. Amnon gebraucht deshalb die Anrede „Schwester" bewußt und setzt sie verschleiernd immer dann ein, wenn er von dieser Verwandschaftsbeziehung profitieren und seine wirklichen Absichten tarnen will. Nachdem Amnon Tamar vergewaltigt hat, verhindert diese Verwandschaftsbeziehung, daß er für seine Tat zur Rechenschaft gezogen wird.

„Nun meine Schwester, schweig still! *Dein Bruder ist dieser.* Nimm dir diese Tat nicht so zu Herzen." Abschalom erteilt Tamar Redeverbot, so daß sie keine Möglichkeit hat, das an ihr begangene Unrecht öffentlich zu machen und für sich Gerechtigkeit einzufordern. Auch die Reaktion Davids bestätigt noch einmal die Hierarchie in dieser Familie: „Und als der König von diesen Taten hörte, wurde er sehr zornig." (Und in der griechischen Version der Hebräischen Bibel heißt es weiter: „Aber er tat seinem Sohn Amnon nichts zuleide, weil er sein Erstgeborener war.") Zuerst kommt der Thronfolger-Prinz, dann die anderen Söhne des Königs – sogar Jonadab wird als Neffe Davids noch vor Tamar gesetzt, die an keiner Stelle des Textes als Tochter Davids bezeichnet wird. Im Gegensatz zu Amnon, den der König selbst aufgesucht hat, läßt David Tamar seine Befehle durch Boten überbringen – es gibt keinen direkten Kontakt zwischen Vater und Tochter, keine Situation, in der sie sich gegenüberstehen. Mütter, Tanten, Frauen … werden nicht genannt: sie sind auch nicht wichtig, bzw. gewichtig, wenn es um

Rechtsansprüche geht: Tamar ist auf den „Rechtsschutz" durch die Männer ihrer Familie angewiesen – aber gerade durch sie hat sie ja Unrecht erfahren!

UND WIEDER SIND DIE FRAUEN SELBST SCHULD – TÄTER UND MITTÄTER ÜBERNEHMEN KEINE VERANTWORTUNG FÜR IHR TUN!

Im hebräischen Text dieser Geschichte werden zwei verschiedene Bezeichungen für Brot/Kuchen bzw. Speise zur Stärkung verwendet – einmal „birja", das heißt Trauerbrot oder „Speise, die dem Kranken gut tut" (Verse 13,5; 13,7; 13,10) und zweitens „lebiba", das heißt „Kuchen, nach dem ein Mensch mit dem Herzen verlangt und der aus Liebe gegeben wird" (Verse 13,6; 13,8). Indem Amnon sich von David wünscht, daß Tamar „lebiba" für ihn backen soll, weist er indirekt auch auf die sexuelle Komponente des Versorgungsdienstes hin und „informiert" seinen Vater über sein Vorhaben, und David wird zum „Komplizen" seines Sohnes, zum Mittäter, weil er Tamar trotzdem schickt. Tamar gegenüber wird Amnons Vorhaben sprachlich getarnt, ihr wird nur mitgeteilt, sie solle „birja", also Krankenspeise, für ihn machen. Im Haus des Bruders, damit konfrontiert, daß dieser sie vergewaltigen will, handelt einzig Tamar verantwortungsvoll. Sie zeigt Amnon die Konsequenzen seiner Handlung auf: für sich und ihn selbst. Aber er läßt sich nicht von seinem Vorhaben abbringen. Tamar zeigt ihm sogar auf, wie er durch eine Heirat beiden ein gesellschaftlich anerkanntes Weiterleben ermöglichen könnte. Amnon aber geht es ausschließlich um die sofortige Befriedigung seiner Wünsche, wie die schnelle Aufeinanderfolge der Verben (überwältigte sie, vergewaltigte sie, legte sich auf sie und beschlief sie) zeigt – er will nicht zuhören und nachdenken. An dieser Stelle deutet der biblische Text dann auch eine körperliche Gegenwehr Tamars an. Tamar läßt keinen Zweifel daran, daß die an ihr begangene „Schandtat" letztlich zu Amnons „Schande" wird. Er wird zu einem der schändlichen Toren in Israel werden. „Torheit" und „Schandtat" sind dabei feststehende Begriffe, die eine allgemein geächtete Verhaltensweise beschreiben, wobei die moralische Verurteilung durch die Gesellschaft Täter und Opfer trifft (vgl. Gen 34,7; Dtn 22,21; Ri 19,23–24; Lev 20,8ff und 20,17). Amnon begeht gleich mehrere Schandtaten: er vergewaltigt eine Jungfrau, die zudem noch seine Halbschwester ist und verweigert anschließend die Heirat.

Auch wenn Tamar mit Würde, Kraft und Verantwortungsbewußtsein spricht, gelingt es ihr nicht, die Machtstrukturen zu durchbrechen. Sie kann sie höchstens entlarven. Ihr Verhalten zeigt, daß das Überleben von Mädchen und Frauen im Patriarchat immer ein Überleben *mit* den Tätern ist und daß es zumeist die Opfer sind, die in diesen Situationen Verantwortung übernehmen.

Nach der Tat wird deutlich, welche Gefühle Amnon seiner Schwester gegenüber tatsächlich empfindet: er haßt sie mit großem Haß. Nicht er, sondern ihr Körper, ihre Schönheit – also sie selbst ist schuld daran, daß er sich an ihr vergangen hat. Dieses Phänomen (blaming the victim) ist uns vertraut: der Täter projiziert seinen Selbsthaß auf das Opfer, weigert sich, sich mit dem Opfer und damit mit sich selbst zu konfrontieren, und überträgt seine Schuld und Verantwortung auf das Opfer. Dann sind es die Frauen, ihr Verhalten, ihre Kleidung, ihre heimlichen Bedürfnissen, die den Anlaß für sexuelle Gewalttaten gegeben haben.

Tamar versucht, nachdem Amnon sie vergewaltigt hat, noch einmal, die sozialen Folgen dieser Tat zu minimieren und appelliert an seine Verantwortung ihr gegenüber. Wenn er sie jetzt wegschickt, verschlimmert er die Gewalttat nicht nur, sondern begeht zugleich eine neue Gewalttat, denn Tamar wird ab jetzt von allen Männern verachtet werden, weil innerhalb einer patriarchalen Gesellschaft der Haß und die Verachtung durch einen Mann immer auch eine kollektive Dimension bekommt. Hier wird deutlich, wie sich sexuelle (Männer-)Gewalt auf ein Frauenleben auswirkt: Tamar ist psychisch *und* physisch verwüstet, zerrissen, zerfleischt: ihre Integrität und Würde als Jungfrau ist zunichte gemacht. Sie lebt nach der Vergewaltigung durch ihren Bruder in sozialer Isolation und Beziehungslosigkeit, und ihre Frage „Wo sollte ich mit meiner Schande hin?" zeigt auf, daß es weder Orte noch Instanzen gibt, die „geschändete" Mädchen und Frauen anhören, aufnehmen und ihnen zu ihrem Recht verhelfen. Und es gibt auch kaum Möglichkeiten des Sprechens über die erfahrene Gewalt. Während sich die Männer in dieser Geschichte beraten, gemeinsam Pläne schmieden, fordern, befehlen, beschimpfen … hören wir Tamar nur zweimal und in Lebensgefahr sprechen. Aber Amnon hört nicht auf sie, und später bringt Abschalom sie zum Schweigen. *Redeverbote, Schweigegebote sind wesentlicher Bestandteil von sexuellem Mißbrauch in Familien und im sozialen Nahbereich.* Das Schweigen der Opfer ermöglicht dem Täter, weiterhin ungestört tätig zu sein und isoliert Frauen voneinander. Auch wenn es gilt, das individuelle Schweigen über Gewalterfahrungen zu respektieren, müssen wir, damit sich gesellschaftspolitisch etwas ändert, über Gewalt gegen Frauen sprechen und uns gegenseitig ermutigen: „Jetzt, meine Schwester, rede laut!"

3. „(K)ein Passionsspiel": Die unerhörte Leidensgeschichte einer Frau namens Tamar im Zusammenhang mit Religion und Gott

Wenn wir Tamars Geschichte als Darstellung frauenspezifischer Leiderfahrungen lesen, brechen wir gleichzeitig auch das gesellschaftliche, religiöse und theologische Schweigen darüber und widersetzen uns der Unsichtbarmachung, Verharmlosung und Vertuschung dieser Leidensgeschichten in biblischen Texten und deren Interpretationen. Und obwohl sexuelle Gewalt gegen Frauen ein Angriff auf Gott ist, weil sie zerstört, was sich Gott zum Bilde geschaffen hat, gibt es gerade innerhalb der Institution Kirche wenige Orte und Möglichkeiten, in denen Frauen diese Leidenserfahrungen anklagen und Gottes Gerechtigkeit für sich einklagen können. Die Leid-, Widerstands- und Überlebenserfahrungen von Frauen beinhalten aber nicht nur Anklagen, sondern auch „heilendes" Wissen und beseelte Weisheit, die es ebenfalls gilt, in Erinnerung zu rufen und theologisch zu würdigen. Tamars Geschichte hält somit vielfältige „gefährliche Erinnerungen" wach, durch die das Leiden und die Hoffnungen von (biblischen) Frauen lebendig bleiben und zwischen Frauen aus Vergangenheit, Gegenwart und Zukunft schwesterliche Solidarität entstehen kann.

DIE PERSÖNLICHE UND DIE ÖFFENTLICHE KLAGE DER TAMAR

Tamars Klage hat beides, eine individuelle und eine kollektive, rituell-standardisierte Dimension. Individuell bezieht sich ihr Handeln auf das, was ihr angetan worden ist: indem sie ihr Gewand zerreißt, weist sie auch auf das Zerreißen ihres Körpers durch die gewaltvolle Penetration hin. Gleichzeit drückt Tamar Trauer, Schmerz und Verzweiflung auch in den rituell-standardisierten Formen aus, die ihren ZeitgenossInnen zur Verfügung standen: Sie streut sich Asche auf ihr Haupt als symbolischen Ausdruck für die Vernachlässigung der Körperpflege und damit den Verlust der Lebensfreude. Das Zerreißen des Gewandes zeigt ihre Anspannung und ist die symbolische Selbstverletzungen im Zustand des Leidens. Die aufs Haupt gelegte Hand weist auf die Wichtigkeit des Hauptes im Rahmen von Trauergebräuchen hin.

TAMARS KLAGE BRICHT ZWAR DAS SCHWEIGEN, BLEIBT ABER (VON GOTT) UNBEANTWORTET

Tamars öffentliche Klage ist auch ein Widerstandsakt gegen das ihr auferlegte Schweigen, denn indem ihre Form der Klage gleichzeitig die konkrete Gewalttat Amnons zum Ausdruck bringt und benennt, klagt sie auch an: den Vergewaltiger und die Mittäter. Doch obwohl Tamar ritualisierte Klageformen wählt, wendet sie sich nicht, wie es dann zumeist folgt, in Anklage- oder Appellform direkt an Gott. Vorausschauend hat sie ja bereits ihr Schicksal als mißhandelte und mißachtete Frau beschrieben: „Und ich, wo sollte ich mit meiner Schande hin?" Für sie, ihre Klage und ihre Hoffnung auf Befreiung gibt es also keine göttliche Instanz. Ihre Geschichte beschreibt ein Leiden, für das es letztlich keine Aufarbeitung oder Begründung gibt und das somit sinnlos und unerklärlich scheint. Hier sind wir bereits bei einer abschließenden Einschätzung dieser Geschichte angelangt: Bleiben uns am Ende zwei Männer, verbunden durch Gewalttaten, Haß und Rache und eine namenlose, „vergewaltigte" Frau? Bleibt uns am Ende der Eindruck, daß Tamars Klage sich nicht an Gott richtet, weil es für diese Formen spezifischer Leiderfahrung von Frauen (noch) keine Erfahrung göttlicher Gerechtigkeit gibt, sondern daß dieser Gott der Väter und Männer sogar eher im Gegenteil dazu beiträgt bzw. dazu mißbraucht wird, die Unterdrückung von Frauen religiös und theologisch zu untermauern? Oder bleibt am Ende das Wissen, daß uns die Geschichte Tamars gemeinsam mit vielen anderen Leidensgeschichten von Frauen nicht verlorengeht und wir sie in gefährlicher Erinnerung halten können, weil sie uns in einer Heiligen Schrift überliefert ist? Gibt es vielleicht im Text bereits erste Hinweise auf Gottes Gerechtigkeit? Amnon schickt zwar alle hinaus, damit er Tamar vergewaltigen kann (V. 9), aber ErzählerIn und LeserInnen bleiben als ZeugInnen dieser Tat! Und noch während Amnon später befiehlt, „diese" hinauszuwerfen (V. 17), wendet sich die Erzählung wieder Tamar zu und beschreibt ihr Gewand, den Ausdruck ihrer Würde (V. 18a). Dadurch wird die Kontinuität zwischen Befehl und Ausführung unterbrochen – ein Hinweis darauf, daß auch Amnons Macht, die Macht eines Vergewaltigers, am Brechen ist. Und wenn Amnons Diener die Tür hinter Tamar verriegelt, heißt dies auch, daß Amnon nun hinter Schloß und Riegel sitzt, während er Tamar, den „Beweis" seines Verbrechens, frei gibt. Amnons Macht nimmt hinter verschlossenen Türen ab, während Abschaloms Macht in der Öffentlichkeit zunimmt. Die Zerstörung und Vernichtung von Frauen hat außerdem nicht das letzte Wort: die Tochter Abschaloms, auf die der Name und die Schönheit der Tante übergegangen sind, wird noch erwähnt (14,27). Es gibt neue Mädchen- und Frauengenerationen, und jedesmal leben sie wieder in der Gefahr, mißbraucht und zerstört zu werden, aber es besteht auch die Hoffnung, daß sie mit heilem Leib und heiler Seele erwachsen und alt werden, wenn wir Frauen uns dafür stark machen und Männer den Kampf gegen (sexuelle) Gewalt auf ihrer Seite führen.

Bibelarbeit

Mit der biblischen Geschichte der Prinzessin Tamar (2 Sam,13,1–22) könnte man folgendermaßen arbeiten:

1. Gesamtgruppe: Bildbetrachtung

G. de Lairesse, „Amnon und Tamar",
Staatsgalerie Stuttgart

▷ Jede Teilnehmerin bekommt zunächst eine Kopie des Bildes von Lairesse „Amnon und Tamar".
▷ Zunächst sollen diejenigen Frauen, die die Geschichte von Tamar nicht kennen, anhand des Bildes äußern, um was es ihrer Meinung nach dabei gehen könnte?
▷ Anschließend tauschen diejenigen Frauen, die Tamars Geschichte kennen, sich darüber aus, wie sie dieses Bild auf dem Hintergrund

der Geschichte finden/ bewerten. Dabei wird zum Teil bereits der Inhalt der biblischen Geschichte erzählt werden.

▷ Anschließend kann der Text 2 Sam 13,1–22 laut (eventuell mit verteilten Sprechrollen) vorgelesen werden, und es können unmittelbare Verständnisfragen gestellt und beantwortet werden. Wichtig ist es, in diesem Zusammenhang noch einmal auf die Bedeutung der verschiedenen Ausdrücke für Brot/Kuchen aufmerksam zu machen, die Verwandtschaftsverhältnisse der AkteurInnen und die sich daraus ergebenden Verpflichtungen oder Tabus zu klären (weiterführende Literaturhinweise siehe unten).

2. Gruppenarbeit: Fragen zum Text

▷ Die Teilnehmerinnen bekommen die Möglichkeit, sich in drei (bzw. sechs – je nach Anzahl) Arbeitsgruppen aufzuteilen.
▷ Jede Gruppe erhält nun folgende weiterführende Fragestellungen zu dem von ihr gewählten Oberthema.

a. Familien-Falle:
Die biblische Erzählung der Vergewaltigung Tamars ist zugleich auch ein Bericht über den sexuellen Mißbrauch eines Mädchens bzw. einer jungen Frau durch einen Familienangehörigen. Suchen Sie Hinweise, Elemente und Inhalte im Text, die diese Aussage bestätigen und verdeutlichen.

b. Mit-Täterschaft:
Lesen und bearbeiten Sie den biblischen Text unter der folgenden Fragestellung:
Welchen An-Teil haben die einzelnen Männer der königlichen Familie an der Vergewaltigung Tamars und an ihren Leid- und Leidenserfahrungen (Amnon, der Halbbruder Tamars; Jonadab, der Ratgeber Amnons und Vetter von Tamar; David, Tamars Vater; Abschalom, der Bruder von Tamar)?

c. Handeln und An-Klagen:
Schauen Sie sich noch einmal die biblische Gestalt der Prinzessin Tamar an: Welche Handlungsmöglichkeiten hat sie? Wie beurteilen Sie Tamars Verhalten und Handeln? Warum wendet sich Tamar mit ihrer Klage nicht an Gott, sondern sagt statt dessen von sich „Und ich, wo sollte ich mit meiner Schande hin?"

3. Plenum

Im Plenum tauschen sich die Teilnehmerinnen über die Arbeitsergebnisse der verschiedenen Kleingruppen aus.

Wenn noch Zeit bleibt, können weitere Schritte folgen:

▷ 1. Ein neues Ende der Tamar-Geschichte erfinden:
Die Teilnehmerinnen schreiben, malen, erzählen einzeln oder gemeinsam ein anderes Ende der Tamar-Geschichte; z. B. David schützt seine Tochter; Tamars Widerstand ist erfolgreich; sie klagt Amnon öffentlich an und erhält Gerechtigkeit; sie wendet sich an die Frauen im Palast und im Dorf ....

▷ 2. Die religiöse Würdigung Tamars einleiten:
Hier sammeln die Teilnehmerinnen einzeln oder als Gruppe Ideen für einen guten Umgang mit dem Thema „Sexuelle Gewalt gegen Frauen und Mädchen" – also auch der Geschichte Tamars – in Religion, Theologie und Kirche heute. Wir fragen uns: „Wenn ich zu Tamar predigen (eine Religionsstunde halten, ein Altarbild gestalten, etc.) könnte, wäre mir Folgendes wichtig ..."

▷ 3. Unsere Forderungen, damit sich Tamars Geschichte nicht mehr wiederholt:
Hier schreiben die Teilnehmerinnen einzeln oder als Gruppe Protest- und Forderungsbriefe an Männer, Frauen, PolitikerInnen, LehrerInnen, etc.

▷ Jede Einzelarbeit wird mit einem Austausch in der Gesamtgruppe abgeschlossen.

LITERATUR

Phyllis Trible, Mein Gott, warum hast Du mich verlassen? Frauenschicksale im Alten Testament, Gütersloh 1990, S. 61–97.
Mieke Bal, Fokkelien van Dijk Hemmes, Gretje van Ginneken, Und Sara lachte.. Patriarchat und Widerstand in biblischen Geschichten, Münster 1988, S. 51–63.
Petra Heilig, „Und ich, wohin sollte ich meine Schande tragen?" Tamar (2 Samuel 13), in: Angelika Meissner (Hrsg.) Und sie tanzten aus der Reihe. Frauen im Alten Testament, Stuttgart 1992, S. 129–144.
Diess., Unser Schweigen wird uns nicht schützen. Arbeitsbuch für Frauengruppen zum Thema Sexueller Mißbrauch von Mädchen und Jungen, Klens-Verlag, Düsseldorf 1995, S. 176–190.
Ilse Müllner, Gewalt im Hause Davids. Die Erzählung von Tamar und Amnon (2 Sam 13,1–22) Freiburg u. a. 1997.

Katja Kersting, Marliese Walter, Bettina Eltrop

Frauengemeinschaft im Buch Rut

Bibelarbeit zu Rut 1–4

Wir haben zusammen das Buch Rut gelesen und eine einmalige Geschichte entdeckt, wie Frauen gemeinsam etwas bewegen können. Einzelne Züge der Erzählung bieten unzählige, unterschiedlichste Anknüpfungspunkte an die eigene Erfahrungswelt. Die spannende Handlung erweckt zunächst einfach Lust zur unbefangenen Vorstellung.

Da bleiben die drei Witwen stehen auf ihrem Weg, kurz vor der Grenze zu Juda. Undenkbar ist es Rut und Orpa gewesen, die alte Noomi allein ziehen zu lassen, die niemanden mehr hat, der sie versorgen kann, und die sie sehr lieben. Aber jetzt, wo sie wirklich dabei sind, die Heimat zu verlassen, da wird ihnen in den Worten der Noomi erst bewußt, was sie in der Fremde erwartet: Außer ihren Männern, die sie schon verloren haben, werden die Frauen nun noch den Schutz ihrer Familien verlieren. Die Möglichkeit aber, als Moabiterin in Juda wieder neu heiraten zu können, besteht nur vage (vgl. Lev 23,4). Ohne eigene Nachkommen aber gibt es für sie keine Sicherheit der Existenz. Mit den Kranken und Waisen werden sie zu den Ärmsten im Lande gehören. Man kann Orpa gut verstehen, wenn sie der wohlwollenden Aufforderung Noomis schließlich doch nachgibt und in ihr Mutterhaus zurückkehrt.

Frauengemeinschaft

Orpa geht in ihr Mutterhaus zurück, und Rut beharrt darauf, bei ihrer Schwiegermutter zu bleiben. Beide gehen ihren weiteren Weg also in Frauengemeinschaft. Es ist nun beeindruckend zu lesen, wie die beiden miteinander aufbrechenden Frauen gemeinsam das Beste aus ihrer Lage machen. Die Erfahrung und Klugheit Noomis, ihre Kenntnis der Gesetze und Menschen des Landes und die Jugend und Kraft Ruts ergänzen sich. Als Noomi nach Betlehem zurückkehrt, erkennen die Frauen des Ortes sie wieder. Sie haben die Emigrierte nicht vergessen und nehmen die kinderlose Witwe anteilnehmend auf (1,19–22).

Wie es den Armen und Fremdlingen zusteht (Lev 19,9f.), geht Rut auf die Gerstenfelder, die gerade abgeerntet werden, und liest Ähren. Als alleinstehende, fremde Frau scheint sie den Aufdringlichkeiten von Männern ziemlich preisgegeben zu sein (Kap 2,9.15.22). So ist es für Rut eine Erleichterung, sich den Mägden des Boas anschließen zu können.

Auch im weiteren Verlauf des Buches sehen wir immer wieder, wie tragfähig weibliche Gemeinschaft ist, ja, daß eine „Gefährtin" (so heißt der Name Rut ins Deutsche übersetzt) mehr wert ist als eigene Söhne und als männliche Verwandte, die die Not zwar kennen (vgl. 2,11), jedoch keinerlei Eigeninitiative ergreifen, um diese zu beseitigen. Eine Schwiegertochter wie Rut ist nicht nur mehr wert als ihre beiden verstorbenen Söhne, sondern mehr wert als sieben Söhne. Das haben die Frauen von Betlehem an Rut gelernt (4,15).

Rut gebiert ihr Kind, das Noomi die Wiedereingliederung in die Gesellschaft ermöglicht, nicht für ihren verstorbenen Mann oder für ihren Mann Boas, wie es in patriarchalen Gesellschaften normalerweise heißt. Rut gebiert ihr Kind für eine Frau, für Noomi (4,15). Das bestätigen die Frauen von Betlehem und anerkennen damit den Lebensentwurf von Rut, für die die Gemeinschaft mit Noomi tragend ist. Das Kind, das geboren wird, ist ein Sohn für beide Frauen. Es bringt die Lebenshoffnung wieder zurück.

... in einer Männerwelt

Wir haben nachgelesen, daß die Erzählung zwar in der Richterzeit spielt, aber erst viel später, nach dem babylonischen Exil, geschrieben sein dürfte. Sie stünde dann in scharfem Kontrast zu Esra 9,1ff und Nehemia 13,1ff. 23ff – diese Bücher gehören in die gleiche Epoche, und dort werden die Mischehen zwischen Juden und Nachbarvölkern heftig kritisiert. Wer (welche?) auch immer das Buch Rut verfaßte, wollte zeigen, daß sogar David unter seinen Vorfahren eine Moabiterin hat, in allen Ehren. Er wandte sich gegen den Ausländerhaß seiner Zeit. Nicht die Herkunft ist wichtig, sondern die Gesinnung und der Glaube, in denen wir miteinander verbunden sind. Als Frauen fasziniert uns das Verhalten von Rut und Noomi, die gemeinsam ihre Not überwinden in einer Welt, die von Männern beherrscht ist wie auch heute und die einer Frau wenig Lebensfreiheit zugesteht. Ihr Beispiel ermutigt zur Gemeinschaft der Frauen heute auf ihrem Weg zu mehr Selbständigkeit und Gleichberechtigung im Kontext unserer Gesellschaften überall auf der Welt. Gemeinsam können Frauen gegen den Druck von Strukturen angehen, die die Befreiung von Frauen verhindern, indem sie den Wert der Frau immer noch stark vom Mann her festlegen. Das Buch Rut findet eine andere Lösung und Strategie für Frauen: Frauengemeinschaften bilden, in das Haus der Mutter gehen, sich mit anderen Freundinnen und Gefährtinnen verbünden und in Neuland aufbrechen.

Wenn schon wir das Schicksal der drei Witwen so lebendig mitempfinden können, um wieviel mehr werden dies Frauen aus den sogenannten „Dritte Welt"-Ländern tun. Von Armut und Unterdrückung, Rechtlosigkeit, harter Arbeit und Patriarchat sind sie im allgemeinen härter betroffen als wir. Der lebendige Umgang mit der Bibel in der ausgebeuteten Welt ergibt sich wohl zwangsläufig aus dem harten Alltag der Menschen, der ohne Quellen der Kraft und täglich neuer Hoffnung nicht bewältigt werden kann.

Die Bibel bliebe ein totes Buch, wo sie dies nicht mehr leistete: die Betroffenheit und Ansprache der Heutigen durch die Einstigen. Wir Frauen haben es allerdings oft schwer mit einer unmittelbaren Identifikation, weil die Bibel über Jahrhunderte hinweg von Männern geschrieben und ausgelegt worden ist. Aber der andere Blick, der Traditionen hinterfragt und Übergangenes, Vergessenes aufdeckt, kann die Frauen der „Einen Welt" miteinander verbinden, weil wir dabei oft ähnliche Erfahrungen machen.

LITERATUR

Renate Jost, Freundin in der Fremde. Rut und Noomi, Stuttgart 1992.
Carlos Mesters, Der Fall Rut. Brot, Familie, Land: Biblische Gespräche aus Brasilien, Erlangen 1988.
In Kürze erscheint im Katholischen Bibelwerk e.V.: Rut, Bibel und Kirche 3/1999.

Bibelarbeit

„Wer den Exodus aus der Selbstgenügsamkeit wagt, wer sich zur „unvernünftigen" Solidarität hinreißen läßt, dessen Tun führt in das Kraftfeld des Gottes Israel." (Carlos Mesters)

1. Auf den Text zugehen

a. Zur Ausgangssituation der Geschichte (und zur weiteren Aneignung des Inhaltes) haben wir ein Interview mit Noomi vorbereitet. Wir könnten uns auch ein Interview mit Rut – nach ihren Beweggründen – vorstellen.

b. Übungen zu „aufbrechen":
▷ Die Teilnehmerinnen überlegen:
  – Woraus möchte oder sollte ich aufbrechen, wohin möchte ich aufbrechen?
  – Kann ich – wie Noomi und Rut – Schritte wagen, Schritte ins Ungewisse?
  – Steht Aufbruch an oder Rückkehr ins „Mutterhaus"?

2. Den Text begreifen

Das Buch Rut ist in vier Kapitel gegliedert.
▷ Die Frauen bilden vier Untergruppen, jede Gruppe liest ein Kapitel und erzählt den anderen Frauen den Inhalt ihres Kapitels und das, was sie an Frauengemeinschaft, Frauensolidarität darin entdeckt hat.

3. Mit dem Text weitergehen

Folgende Fragen können für Frauen hilfreich sein, das, was sie am Bibeltext entdeckt haben, auf ihr eigenes Leben zu übertragen. Bitte bearbeiten Sie mit Ihrer Gruppe nicht alle Fragen, sondern wählen Sie die für ihre Gruppe passenden aus:

▷ Fragen zu dieser Frauen-Hoffnungsgeschichte:
  – Was ist für mich die Botschaft des Buches Rut?
  – Wo kenne ich konkretes Engagement für Güte, Solidarität, Freundschaft, Zivilcourage?
  – Wo bin ich aufgebrochen (breche ich auf) auf unsicherem Weg in eine bessere Zukunft?
  – Gibt es heute Frauen, die einen eigenen „Rut-Weg" gehen?
  – Wo habe ich Fähigkeiten (kann sie noch entwickeln), auf den Spuren Ruts zu gehen?
  – Was verhindert meinen Aufbruch?

- Wie sehen meine Beziehungen zu Frauen aus? Was bedeuten sie mir?
- Was halte ich davon: wer solidarisch ist, wer andern gibt, begegnet selbst dem gebenden Gott?
- Was eint, was bindet uns Frauen heute? Machen wir uns gemeinsam auf den Weg, wie Noomi und Rut, als Fremde, Witwen, Frauen, gemischt aus verschiedenen Völkern und Religionen, ohne Stimme in der Gesellschaft? Treibt uns auch noch Hunger, Armut, Freundschaft, Verwandtschaft, die Sehnsucht, dort zu sein, wo Gott sein Volk besucht?
- Bin ich manchmal in innerer Finsternis wie Noomi, glaube ich wie sie, daß Gott dennoch größer ist als alle meine Probleme?

Man könnte zum Abschluß auch gemeinsam der Frage nachgehen, was im Buch Rut den Schluß zuließe, daß es von einer Frau/Frauen geschrieben wurde.

▷ Lieder: „Entdeck den ersten Schritt ...“
„Ich möcht', daß einer mit mir geht ...“
„Du bist da, wo Menschen leben ...“

▷ Tanz: „Kore“. Bei diesem Tanz kann das Gedrücktsein und Aufrichten, das Innehalten und Vorwärtsgehen in kleinen Schritten gut nachempfunden werden.

ZU EINEM JUBILÄUM

Anneliese Knippenkötter

„Alles hat seine Zeit"

Gruppenarbeit zum Thema und zu biblischen und anderen Texten

Das kleine Mädchen Momo in Michael Endes Roman gelangt an den Ort, von dem die Zeit herkommt. Staunend betrachtet Momo die Vielfalt der Blumen, wie sie wachsen, sich entfalten, in ihrer vollen Pracht der Formen und Farben erstrahlen und schließlich dahinwelken. Ein Blütenblatt nach dem anderen fällt ab. Momo erkennt die Einmaligkeit jeder Blüte. Keine ist wie die andere, und keine kommt jemals so wieder, wie sie war.

Das kleine Mädchen erkennt aber auch in den Blumen die Stunden des eigenen Lebens. Eine Stunde folgt der anderen, und jede fällt gleichsam in das Meer der Vergangenheit. Es gibt Stunden, die den Blüten ähnlich leuchten und das Leben zu einem Höhepunkt führen, aber es gibt auch Stunden voller Dunkelheit.

Der biblische Prediger Kohelet spricht von der Vergänglichkeit und davon, daß alles seine von Gott bestimmte Stunde hat. Festhalten können wir sie nicht im Lebensglück, aber wir können sie auch nicht abkürzen in Zeiten der Trauer und Verlassenheit. Kohelet weist uns darauf hin, daß Leben Veränderung, Wandel und Weitergehen bedeutet; aber auch, sich trennen von Lieb-gewordenem, Abschiednehmen und Neues wagen.

In einen solchen „Fluß der Zeit", in dem die Stunden gleichsam dahinströmen, gehört auch die Stunde des Innehaltens, der Rückschau auf das Vergangene und der zuversichtliche Blick auf das Kommende.

Ein Jubiläum kann eine solche Zeit sein, in der wir uns besinnen und fragen nach dem, was sich in einer gewissen Zeitspanne ereignet hat, welche Wünsche und Hoffnungen sich erfüllten und welche nicht. Und dabei fallen uns Zeiten ein, in denen wir den „Samen" in den Boden legten, die Zeiten der Ernte, aber auch die Zeiten des Sterbens, von denen der Prediger spricht.

Die Texte von Kohelet, einem bedeutenden Lehrer der Weisheit, wurden in der zweiten Hälfte des 3. Jh. v. Chr. geschrieben: „Alles hat seine Stunde" (Koh 3,1)

Doch bevor wir uns dem Bibeltext zuwenden und wir dann in einer Erzählrunde die eigenen Erfahrungen austauschen, soll ein Dichter unserer Zeit zu Wort kommen – gleichsam als meditative Einstimmung:

Stunde

Stunde,
Fontäne Zeit: eine einfache
Wasserkunst, Blumengefieder
über der breiten Vase.
Bäurisches Filigran.

Über dem Brettertisch,
der stark ist vom Duft durchatmeter
Wälder, vom Harzrauch lebst du
und vergehst nicht, Stunde,
unausgezählte: einer
kam, er sagte, ich will
kommen im Licht, des verstummten
Pirols Strophe zu lachen,
nachzusingen das Regenlied,

aufzurühr'n die Gitarre
Abend, unter der Dämmrung
Wie leb ich hier?

Johannes Bobrowski

(Aus: ders., Im Windgesträuch – Gedichte aus dem Nachlaß, DVA Stuttgart)

Gedanken zu dem Gedicht

Am Anfang dieses Gedichtes, dessen Veröffentlichung Johannes Bobrowski nicht mehr erlebte, steht das Wort „Stunde". Das Wort füllt die

Eingangszeile und führt durch Bilder, Wahrnehmungen und Erinnerungen zur Frage der letzten Zeile: „Wie leb ich hier?"

Mir gab das Gedicht den Anstoß, über die Zeit nachzusinnen. Solches Nachsinnen gilt nicht den großen Zeiten der Geschichte dieser Welt mit vergangenen Ereignissen und interessanten Zukunftsprognosen. Es geht mir um die Stunde, die in der „Fontäne Zeit" aufleuchtet, da ist, vergeht oder zurückfällt, um bald neu da zu sein. Das Bild der „einfachen Wasserkunst" ist uns allen gegenwärtig, wenn wir an die herrlichen Brunnen und Fontänen in den Städten des Südens denken. Das „Blumengefieder über der breiten Vase" sprüht so leicht, spielerisch gleichsam, schießt wie ein scharfer Pfeil empor, um gleich wieder zurückzufließen in die „breite Vase", in den Brunnen, der unzählbare Tropfen immer wieder neu aufnimmt und weggibt.

„Fontäne Zeit" – ein Bild, das uns daran erinnern kann, wie unsere Zeit, unsere Minuten und Stunden aus dem großen Becken Zeit einzeln, filigranhaft fein, kommt. Jeder Tropfen – jede Minute – ist einzeln verfügbar, jedoch nie isoliert, sondern nur in engster Verbindung mit dem Ganzen. Wie sehr entscheidet oft ein Wort, das in einer Sekunde, einer Minute, gedacht oder gesprochen wurde, über die nächsten Stunden, Tage oder gar Jahre. Wenn dennoch in der ersten Strophe etwas von der Leichtigkeit, vom Leuchtenden und Durchsichtigen der dahinfließenden Zeit zu spüren ist, dann entdecken wir gleich in der zweiten Strophe die Zeichen für Härte, Kraft und Dauerhaftigkeit. Wie lang kann eine Stunde harter Arbeit, eine Stunde des Alleinsein, eine Stunde in der Krankheit werden. Die unausgezählte Stunde – schlägt sie heute, morgen oder übermorgen. Wann? Hier klingt Hoffnung an. Einer wird kommen im Licht, er hat es gesagt. Ja, es ist deutliche Gewißheit, daß er kommen wird, um des „verstummten Pirols Strophe zu lachen, nachzusingen das Regenlied, aufzurühr'n die Gitarre". Vergangenheit wird lebendig. Das Versprechen liegt vielleicht lange zurück, aber es macht das Leben auf ein Morgen hin möglich. Die „Regenlieder" der Kindheit mit ihren zaubrischen Möglichkeiten lassen die kühnsten Erwartungen zu. Wünsche, schon halb vergessen, werden wach und Hoffnung auf Erfüllung wird stark. Wer wird sie erfüllen? Am „Abend, unter der Dämmerung", bleibt die Frage: „Wie leb ich hier?" Alles ist offen: Die Stunde, die jetzt beginnt, die ich mit dem Minutenzeiger zu Ende lebe. Freiheit im Umgang mit der Zeit, Offenheit für die Anrufe in meiner Zeit, Leichtigkeit und Härte im Engagement für diese Zeit berechtigen zur Hoffnung auf die unausgezählte Stunde, die nicht vergeht.

Alles hat seine Zeit (Koh 3, 1–8.11)

Die folgende Übersetzung ist entnommen: Gute Nachricht Bibel. Ich habe sie gewählt, weil ich meine, daß darin die Intention des Verfassers ganz besonders fein zum Ausdruck kommt; nämlich, daß alles, was geschieht, in einer von Gott bestimmten Zeit geschieht.

> Alles, was auf der Erde geschieht, hat seine
> von Gott bestimmte Zeit:
> geboren werden und sterben,
> einpflanzen und ausreißen,
> töten und Leben retten,
> niederreißen und aufbauen,
> weinen und lachen,
> wehklagen und tanzen,
> Steine werfen und Steine aufsammeln,
> sich umarmen
> und sich aus der Umarmung lösen,
> finden und verlieren,
> aufbewahren und wegwerfen,
> zerreißen und zusammennähen,
> schweigen und reden.
> Das Lieben hat seine Zeit
> und auch das Hassen,
> der Krieg und der Frieden.

(© 1982 Deutsche Bibelgesellschaft, Stuttgart)

Gott hat für alles eine Zeit vorherbestimmt, zu der er es tut; und alles, was er tut, ist vollkommen.

Über den Verfasser selbst ist uns nichts bekannt. Das Wort kohelet ist von dem Wortstamm für „versammeln" abgeleitet. Damit wird ein Mensch bezeichnet, der bestimmte Gemeindeversammlungen oder Kreise leitet und als Lehrer tätig ist. Das Buch entstand in einer Zeit, in der man versuchte, die Traditionen Israels mit der die Welt beherrschenden griechischen Bildung und Lebensform zu einer neuen Einheit zusammenzuführen. Dieses Buch Kohelet ist das eindrucksvolle Zeugnis solcher Bemühungen.

Es lohnt sich, dieses kleine Buch im Zusammenhang zu lesen, das sich mit dem Kosmos, mit dem Menschen und seiner Vergänglichkeit beschäftigt. Immer wieder heißt es: „Alles ist Windhauch". Da stellt sich die Sinnfrage immer wieder neu, ist doch jeder Augenblick von Gott her bestimmt. Aber der Lehrer gibt auch Anregungen für die rechte Lebensführung und den jeweiligen Augenblick zu nutzen. Jedes „Jetzt" ist die dem Menschen gegebene Zeit, in der er sich immer wieder bewußt werden sollte, daß er auf Alter und Tod zugeht. In der Einführung zum Buch Kohelet der Einheitsübersetzung heißt es am Schluß: „Im modernen Denken wird man mit dem Buch Kohelet vor allem die Existenzphilosophie vergleichen können. Doch ist im Buch Kohelet bei aller Neigung zur Erfahrungsweisheit und zur kritischen Auseinandersetzung mit gängigen Meinungen zugleich eine sehr radikale Theorie von der Bindung der Welt an Gott vorausgesetzt. Nach ihr kann nichts, auch nicht das Böseste und Schlimmste, von der Allursächlichkeit Gottes ausgenommen werden. Und von Gott her ist letztlich alles „schön". Dies sollte man nicht übersehen, wenn man beim Lesen des Buches von Melancholie überwältigt wird und Kohelet gerade deshalb als „modern" empfinden möchte. Wer Kohelet als Teil des ganzen Kanons der heiligen Schriften liest, wird das Buch, ohne dabei die Härte seines Fragens und Denkens preiszugeben, mit der Botschaft vom Handeln Gottes in der Geschichte verbinden." Neben Windhauch und Gottesfurcht ist aber auch immer wieder von der Freude, der Lebensfreude die Rede. „Gott kann in der Lebensfreude dem Menschen antworten", meint Norbert Lohfink. (...) „Was denn zuinnerst geschieht, wenn Gott dem Menschen in der Lebensfreude Antwort gibt, führt Kohelet nicht aus. Er gehört, wenn es zu solchen Themen kommt, eher zu den scheuen Schriftstellern, die es bei einer Andeutung belassen – weil ihnen selber die Sprache versagt und weil sie auch wünschen, daß ihre Leser weiterlesen, wiederlesen, weiterdenken, selber Erfahrungen machen und so selber die Dinge finden, über die man eigentlich kaum noch sprechen kann. Doch eines ist klar: Kohelet ist weder weltverachtend-jenseitsverträumt, noch ist Gott für ihn deshalb, weil er so diesseitig denkt, blaß, fern oder unwichtig geworden."

Gruppenarbeit

1. Lied mit dem Thema „Zeit"

Zum Beispiel „Meine Zeit steht in deinen Händen, Herr" oder „Wechselnde Pfade".

■ 2. Einführung in das Thema oder die Feierstunde durch die Leiterin

■ 3. Besprechung eines Textes

Die Gruppe bespricht miteinander das Gedicht „Stunde" von Johannes Bobrowski, oder die Leiterin gibt einige Impulse dazu.

■ 4. Betrachtung des Bibeltextes Koh 3,1–8,11

„Auch in unserem Leben hat alles seine Zeit"
In einer Erzählrunde des Erinnerns an Erlebnisse und Erfahrungen teilen wir einander mit, was Zeit und Stunde für uns bedeuten: in der Zeit des Gebärens und Sterbens, in der Zeit des Pflanzens und Erntens, in der Zeit der Krankheit und der Trauer, in der Zeit der Freude und des Schweigens, in der Zeit der Gottesnähe und der Gottesferne. Wie haben sich Gezeiten des Lebens gefügt? Wie fügt sich der Zeitabschnitt, den ein bestimmtes Jubiläum markiert, ein?

■ 5. Lied und Tanz

Mit dem folgenden Lied, das auch meditativ getanzt werden kann, kann eine Jubiläumsstunde abgeschlossen werden.

648 Gottes Wort ist wie Licht

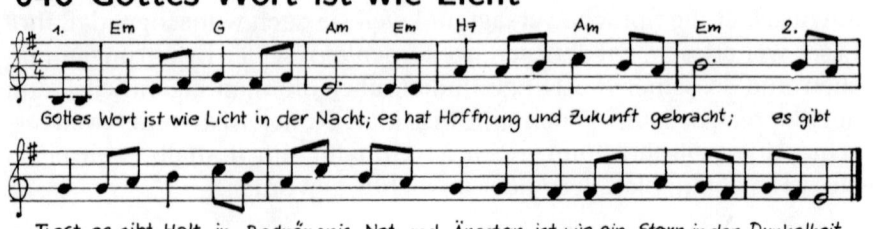

Gottes Wort ist wie Licht in der Nacht; es hat Hoffnung und Zukunft gebracht; es gibt Trost, es gibt Halt in Bedrängnis, Not und Ängsten, ist wie ein Stern in der Dunkelheit.

Text und Melodie: Volkslied aus Israel

78

Alle tanzen:

Lied	Bewegung
Gottes Wort ist wie Licht in der Nacht.	Alle stehen im Kreis, strecken die Arme senkrecht nach oben, wiegen sie hin und her.
Es hat Hoffnung und Zukunft gebracht.	Alle bilden mit ihren Händen eine Schale vor der Brust und gehen vier Schritte zur Kreismitte.
Es gibt Trost, es gibt Halt, in Bedrängnis. Not und Ängsten.	Alle reichen sich die Hände und gehen in Handfassung vier Schritte nach rechts.
Ist wie ein Stern in der Dunkelheit.	Alle führen die Hände in Handfassung in die Höhe (wie ein Stern)

LITERATUR

Bibel und Kirche, 45. Jahrgang, 1. Quartal 1 /1990, „Kohelet":
„Windhauch, Gottesfurcht, Freude", Norbert Lohfink, S. 26–32.

Liederbuch der kfd, Frauen auf dem Wege, Neue Geistliche Lieder,
KlensVerlag, Düsseldorf.

Gute Nachricht Bibel, Deutsche Bibelgesellschaft, Stuttgart.

Anneliese Hecht

Frauen und ihre Spiritualität

Gruppenarbeit zum Thema und zu biblischen Texten

Pfingsten wird nach der Apostelgeschichte als eine Geisterfahrung jüdischer Jünger („diese Männer", Apg 2,15) geschildert. Später findet sich noch eine „Pfingst"erfahrung von Heiden (Cornelius und die Seinen, Apg 10). In den 60er Jahren hat die Pfingstbewegung vor allem in Amerika an die Geisterfahrungen der Urchristen anzuknüpfen versucht und manches bewegt. In viel umfangreicherem Ausmaß aber erspüren wir in den letzten Jahrzehnten Geist-Bewegtes im Glaubensvollzug von Frauen, das oft gar nicht beachtet oder einfach als selbstverständlich genommen oder sogar (nicht selten von Leitenden in der Kirche) bekämpft wird.

Pfingsten, ein von vielen Christen vernachlässigtes Hochfest, kann für eine Frauengruppe auch einmal ein Anlaß sein, eines der Gruppentreffen oder einen Besinnungstag in zeitlicher Nähe zum Fest zu nützen, Frauenspiritualität als Thema in den Blick zu nehmen: Wie wirkt Gottes Geist im Leben von uns Frauen heute? Wie realisieren wir Frauen unseren Glauben unter den ganz konkreten Lebensbedingungen, im Laufe des Lebens, unter sich verändernden Umständen? In den letzten Jahrzehnten ist ein erstaunlicher Umbruch spürbar mit viel Neuem, Eigenständigem und Befreiendem von Frauen, die über Jahrtausende von der Spiritualität von Männern dominiert wurden. Vor allem viele Frauen ab dem mittleren Alter können Veränderungen in der Kirche und in ihrem eigenen Bewußtsein und Verhalten bestätigen, wenn sie auf ihr Leben zurückschauen.

Frauenspiritualität – Rückblick in die eigene Geschichte

Erinnere ich mich an meine eigene Kindheit zurück, so erblicke ich meine Mutter, meine Großmutter und die Frauen vom Dorf, und mit ihnen verbunden Rosenkranz, Marienfrömmigkeit, häufige Besuche der Messe, Aufopferungsbereitschaft, Verantwortung für die Ethik von

Frauen und Männern, Gottvertrauen, die Angst, nie gut genug sein für Gott, viele Schuldgefühle.

Ich denke auch daran, daß ich als Mädchen nicht gewollt war, sondern eigentlich ein Junge sein sollte, und wie ich es deshalb mit mir selbst schwer hatte. Und ich denke an den eigenen Befreiungsprozeß mit jahrelangen inneren Kämpfen in der Gottesbeziehung. Heute schätze ich beim eigenen spirituellen Weg die Intuition, die innere (Geist-)Führung, die Leiblichkeit, die integrierende Kraft in Gruppen, den befreiten Glauben, das Gottesbild, das nicht mehr von ausschließlich männlich geprägten Aspekten bestimmt ist, die Offenheit für Gottes vielgestaltigen Weg mit Menschen. Und an vielen älteren Frauen beobachte ich im Vergleich zu damals viel Eigenständiges und dementsprechend weniger Fremdbestimmung als früher: Sie eignen sich Wissen an und nehmen dann auch mutig und verantwortlich zu Glaubensfragen und kirchlichen Verlautbarungen und Strukturen Stellung.

Frauenspiritualität in Kirche und Gesellschaft

Das Bild der Kirche in Gottesdiensten und Veranstaltungen ist fast immer das gleiche: Viele Frauen sitzen in den Bänken, wenige Männer. Frauen tragen in den Gemeinden heute praktisch die Spiritualität. Sie sind bereit, sich zu engagieren in aktualisierenden Gottesdiensten (Kinder-, Frauen-, Festgottesdiensten ...), in Weiterbildungen, in ehrenamtlichen Diensten (Kommunionhelferinnen, Lektorinnen, Kommunion-Mütter, Firmhelferinnen ...). Frauen sind also nicht nur die „glaubende Masse", sondern ihre Bereitschaft, sich auf die verändernde Kraft im Glauben einzulassen und Mitverantwortung zu übernehmen, trägt viele christliche Gemeinden. Eine veränderte Stellung in der Kirche (entsprechend der Gesellschaft) steht an, auch wenn sich die Leitungsämter vor allem im katholischen Bereich sperren.

Den Spagat zwischen gewandeltem Selbstbewußtsein und selbsterfahrener Spiritualität einerseits und kirchlich Verweigertem andererseits können und wollen manche Frauen nicht mehr mitvollziehen. Deshalb formen immer mehr Frauen, vor allem die jüngeren, eigene Frauenzirkel, gleichsam eine eigene Frauenkirche (im Gegensatz und in Ergänzung zur Männerkirche) oder ein eigenes Frauenmilieu.

Spirituelle Entfremdungserfahrungen von Frauen

Da über einen Jahrtausende währenden Zeitraum überwiegend männliche Vorstellungen und Deutungen das Leben (auch das Glaubensleben) von Frauen bestimmten, mußte es auch zu Einseitigkeiten und Mangelerfahrungen kommen. Manche Frauen leiden unter solchen Entfremdungserfahrungen, unter einer ihnen aufgestülpten Spiritualität. Als wichtigste Aspekte dieser Auswirkungen sehen sie
- die „Leben-für-andere"-Spiritualität
- die „Herr-ich-bin-nicht-würdig"-Spiritualität
- die „Frauen-sind-Gottes-zweite-Garnitur"-Spiritualität
- die Idee vom Ewig-Weiblichen (Jungfrau Maria als Vorbild im Gegensatz zu Eva)
- die leibfeindliche, das Geschlechtliche und Sinnenhafte tabuisierende Spiritualität.

Aus der Lebens-, Leidens- und Glaubensgeschichte von Frauen über Hunderte von Generationen hinweg erwachsen aber auch ureigene Lebensformen unseres weiblichen geistlichen Weges.

Elemente und Lebensmuster einer weiblichen Spiritualität

Oft nehmen wir Frauen gar nicht wahr, was wir an Gaben schon einsetzen und was unser Inneres an Glaubenskraft einbringt. Dafür einige Beispiele:
- die Empfindsamkeit der Frauen für Leid, und daraus folgend ein großes Engagement für Gerechtigkeit und zur Abhilfe von Notlagen,
- die Empfänglichkeit für geistliche Erfahrungen, daher selten alleinige Fixierung auf Verstandesurteile,
- der Mut, aufgrund einer teilweisen Gleichberechtigung in unserer Gesellschaft und der Frauenbewegung das Glaubensleben nach eigenen Vorstellungen zu gestalten,
- die Suche nach gemeinsamen Wurzeln (vor allem in der Ökumene) als stärkeres Anliegen zu verfolgen als das Trennende anzusehen,
- die vielen neu entstandenen ganzheitlichen Ausdrucksformen in Tänzen, in neuen Ritualen, in der Meditation, im künstlerischen Gestalten, in der Bewegung, im Spiel, in Symbolen ...

(siehe dazu *Benedikta Hintersberger*, Elemente und Strukturformen weiblicher Spiritualität, in: Als Mann und Frau schuf er sie. (Auer) Regensburg 1995, 185–188).

Eine biblisch fundierte Frauenspiritualität

Schließlich finden viele Frauen das Fundament, auf dem ihr befreites inneres Leben, ihr Glaube gründen kann, in der Anbindung an biblische Befreiungs- und Heilungsgeschichten, insbesondere von Frauengestalten der Bibel.

In den letzten Jahrzehnten sind unzählige Veröffentlichungen zu diesen biblischen Frauengestalten erschienen, mit denen sich Frauen identifizieren, deren Mut sie bestärkt, deren Einsatz sie anregt, deren Spürsamkeit und Heilsbedürftigkeit sie anrührt ...

Absolute „Hits" waren und sind Mirjam, die Schwester des Mose, Maria von Magdala, die Samariterin und die gekrümmte Frau.

MIRJAM: die Prophetin, die Tänzerin, die bei den bedeutenden Männern Mose und Aaron mithalten kann und Bedeutung für ihr Volk und dessen Befreiungsprozeß hat (obwohl sie teilhat an der Ungerechtigkeitsgeschichte von Frauen).

MARIA VON MAGDALA: die Liebende und Geliebte, die Geheilte und Verkünderin der Frohbotschaft, die Jesus Nahestehende.

DIE SAMARITERIN: die „Ausgestoßene" (nicht nach der Bibel, aber im Bewußtsein vieler Frauen), die Fremde und Suchende (nach Beziehung und Glaubenswahrheit) und von Jesus einer tiefen Begegnung Gewürdigte.

DIE GEKRÜMMTE FRAU: die Verkrümmte und Leidende, die Isolierte, die Aufgerichtete und Befreite, die in Würde vor Gott Eingesetzte („Tochter Abrahams"), die von Jesus in Schutz Genommene.

Weibliche Bilder von Gott entdecken Frauen, die die Einseitigkeit männlicher Bilder in ihrer Glaubens- und Gebetssprache zu überwinden suchen. Für viele Frauen ist dieser Bereich noch schwierig. Das Göttliche ist stärker tabuisiert, und für manche klingt es nach Blasphemie, Gott als Mutter anzusprechen. Wenn sie aber entdecken, daß die Bibel neben (vielen) männlichen Bildern auch mehrere – wenn auch nicht so häufig verwendete – weibliche Gottesbilder überliefert, so können sie sich leichter an ihre Autorität anschließen [Gott im Bild einer Mutter (z. B. Hos 11), als Gebärerin (Dtn 32,18 u. ö.), als Geburtshelferin (z. B. Jes 66), als Weisheit (Weish 9,1–2 u. ö.) als Bäckerin (Mt 13,33)], und sich quasi mit der Bibel an ein neues Gottesverständnis herantasten.

Für die Bibel ist Gott sicherlich nicht in erster Linie männlich oder weiblich, aber dennoch sind Mann und Frau Gottes „Abbild" (Gen 1,27). Mit diesem Widerspruch werden alle Bilder relativiert und zugleich wertgeschätzt.

Am meisten Beachtung findet die Gottesbezeichnung „ruach", im Deutschen als „der Geist" übersetzt, im Hebräischen in der überwiegenden Zahl der Schriftstellen aber weiblich: „die Geistin". Gemeint ist die allem Lebendigen innewohnende Lebenskraft und Schöpfermacht Gottes, die alles Leben, alle Organismen bewegt, erhält und durchpulst. Die syrische und armenische Geistverehrung weiß noch vom Heiligen Geist als „Mutter aller Geschöpfe" und spricht vom „Mutterschoß des Heiligen Geistes". Die Frau als Gebärerin, als mit dem Werden von Leben und damit der verändernden Kraft Verbundene, gestaltet also dieses Bild mit.

Zahlreiche Bibelstellen zum „Geist" können wir auf diesem Hintergrund neu erspüren.

In einem Artikel über männliche Spiritualität vor einigen Jahren wurde vom Autor geurteilt, daß Frauen mit ihrer lebendigen Spiritualität den Männern etwa drei Jahrzehnte voraus seien. Ich wünsche mir, daß auch viele Frauen die großen Schritte ihrer eigenen Entwicklung sehen können.

Gruppenarbeit

1. Empfehlung

Für dieses Thema wäre es gut, mehrere Gruppenstunden dafür zu verwenden. Die Anregungen können auch sehr gut als Bausteine für einen Einkehr- bzw. Besinnungstag dienen.

2. Ziel

Die Bibelarbeit will dazu beitragen, daß die einzelnen Frauen die Spiritualität von Frauen heute würdigen und sich selber des eigenen Standpunktes in ihrer Entwicklung im Laufe des Lebens bewußt werden. Was schätzen die einzelnen an ihrem eigenen Glaubensprozeß?

3. Verlauf

Die Gruppenstunde kann sich in drei Kreisen vollziehen:
  – Welche Erfahrungen haben wir mit unserer Spiritualität in unserem eigenen Leben und in unserer Zeit?
  – Wo erfahren wir, daß unsere weibliche Spiritualität unterdrückt wird oder nur schwer leben kann?
  – Was tut uns gut an weiblicher Spiritualität, worin sehen wir schon gelebte Stärken? Was wünschen wir uns für unsere eigene Spiritualität?

▷ Vorbereitung: Die Mitte wird mit Symbolen gestaltet (Erläuterung s. unten)

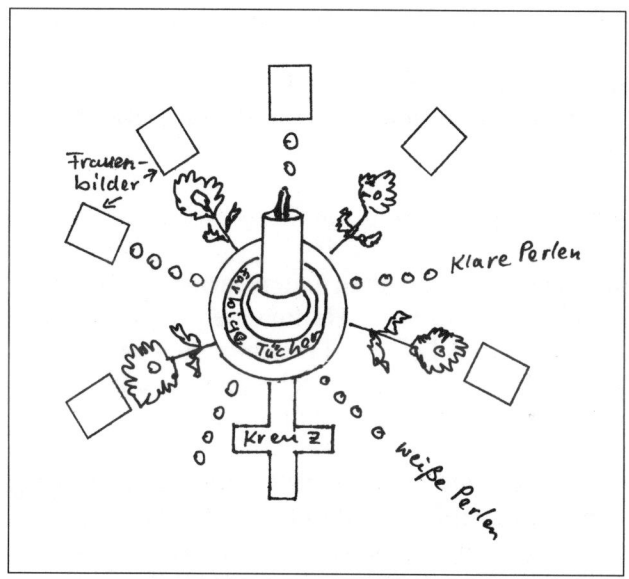

a. Begrüßung und Einführung ins Thema

▷ Hinweis auf Pfingsten und die Ausgießung des Geistes auf Männer und Frauen (Apg 2,16–18; vgl. Joel 3,1–2).
Die Nähe zum Pfingstfest kann Anlaß für eine Gruppe sein, eines der gemeinsamen Treffen dafür zu verwenden nachzudenken, wie dieser Geist Gottes in der eigenen Lebens- und Glaubensgeschichte wirkt und wie die Spiritualität von Frauen das Leben in den Kirchen unserer Zeit trägt und bewegt.

▷ Deutung der Mitte
Zur Bedeutung der Symbole in der Mitte erklärt die Leiterin:
– Kerze – Feuer: Erinnerung an das Entflammte, Zungen von Feuer;
– farbige Tücher: Erinnerung an die Vielfalt und Farbigkeit der weiblichen Spiritualität, an Fließendes, an schöne Dinge;
– schwarzes Kreuz: Teil des Zeichens für „weiblich" (♀). Teil des leidvollen Schicksals vieler Frauen, auch der Abwertung ihrer Spiritualität gegenüber Männern.
– Perlen und „Tränen": Symbole für Kostbares und Trauriges.
– Blumen und Heilkräuter: Symbole für Entfaltung und Heilvolles.
– Bilder von Frauen: Würdigung der Vielgestaltigkeit von Frauenleben und ihres geistlichen Weges zu ihrem wahren Selbst und Gott.

▷ Lied: Laßt uns miteinander gehen, Frauen auf dem Wege. Aus: Frauen auf dem Wege. Neue geistliche Lieder, Liederbuch der Kfd, 1994, 28f.

b. Unsere eigene Frauenspiritualität heute

▷ Die Teilnehmer/innen erhalten einen farbigen DIN-A6-Zettel. Sie sind eingeladen, auf die obere Hälfte einen Begriff zu schreiben, der für sie zum Glaubensleben von Frauen heute gehört.
Auf die untere Hälfte des Zettels schreiben sie eine Frage, die sie im Zusammenhang mit der Spiritualität von Frauen am meisten beschäftigt.
Die Zettel werden als äußerer Kreis um die Mitte gelegt. In der Gruppe findet ein Austausch darüber statt, was weibliche Spiritualität oft prägt, was sie ist (sein könnte) und was die damit verbundenen Hauptfragen sind, die sie als Frauen beschäftigen.

Alternative:

▷ Die Gruppenmitglieder werden dazu motiviert, auf einem Bogen Papier (oder in einer stillen Besinnung) der Spiritualität von Frauen in ihrem eigenen Leben nachzusinnen und für sich einige Stichworte dazu zu notieren. Anleitende Fragen könnten z. B. sein:
 – Erinnern Sie sich an erste Kindheitserinnerungen, an den Glauben der Mutter und anderer weiblicher Familienangehöriger, von Freundinnen und von Frauen im Umfeld.
 – Welche eigene Spiritualität entwickelte sich daraus?
 – Wie veränderte sie sich?
 – Welche Spiritualität von Frauen beeindruckte oder ärgerte im Verlauf des Lebens?
 – Welche Entwicklung schätze ich am meisten?

▷ Die Frauen kommen zuerst zu zweit, dann in der Gruppe darüber ins Gespräch, vor allem über die letzte Frage. Wesentliche Aspekte werden auf ein rundes Bodenplakat geschrieben. Ein größerer Kreis wird darunter gelegt.

▷ Sodann werden in einem zweiten Schritt zu den angesprochenen Aspekten von Frauenspiritualität Erweiterungen aus Kirche und Gesellschaft hinzugefügt (In welchem Umfeld ist unsere Spiritualität angesiedelt?), die auf den größeren Kreis geschrieben werden.

Zum Beispiel:
Engagement für kreative Gottesdienste, Frauenkreise, Ehrenämter und Dienste, Einsatz für die religiöse Erziehung und Integration der Kinder, die Bereitschaft, an sich zu arbeiten, sich weiterzubilden in Veranstaltungen, Beratungen, der Kampf um die Anerkennung der Männer, um Gleichberechtigung und Wertschätzung, der Kampf um Befreiung und Gerechtigkeit, Ganzheitlichkeit (Tanz u. a.), Verbindung von Nichtalltäglichem, Göttlichem mit dem Alltäglichen ...

▷ Ein drittes, noch größeres, rundes Plakat wird darunter gelegt. Die Gruppe überlegt und notiert auf den freien Rand, welche Erfahrungen manchmal die Entfaltung von Frauenspiritualität verhindern. Weibliches Glaubensleben hat oft auch mit Bedrückendem zu tun, mit Entfremdung, mit Vergessen, mit Verletzung. Männliche spirituelle Prägung und Begleitung konnten das genauso bewirken wie manchmal die Verteufelung des Weiblichen und Körperlichen, Minderwertigkeits- und Unwürdigkeitsurteile, wie auch Ausschluß von Ämtern und Aufgaben.

Wie erfahren die einzelnen die drei Bereiche, das Eigene, das Umfeld von Frauen her und von außen Bedrückendes?

c. Elemente und Lebensmuster weiblicher Spiritualität von der Bibel her – Textarbeit

Viele neue Formen weiblicher Spiritualität, aus denen wir Frauen heute leben, sind auf dem Boden der biblischen Überlieferung gewachsen. Drei Gruppen können drei beispielhafte Akzente herausarbeiten:

1. Gruppe: Biblische Frauengestalten

Frauengestalten des AT und NT werden in den letzten beiden Jahrzehnten von Frauen ganz stark als „Schwestern" im Glauben empfunden, deren Mut und (Glaubens-)Kraft und freies Auftreten und deren Einsatz den eigenen Glauben stärken und aufrichten (Mirjam und Maria von Magdala zum Beispiel haben eine ungeheure Wirkungsgeschichte).

▷ Die Frauen können für sich überlegen, welche biblische Frauengestalt zu ihrer eigenen Glaubensgeschichte gehört und ihre aufrichtende, stärkende Botschaft in einem Satz festhalten (eventuell auf ausgeschnittene Papier-Frauengestalten schreiben).

2. Gruppe: Weibliche Akzente im Gottesbild

Stark geworden ist in den letzten Jahren auch das Wissen und Bewußtsein, daß unseren Gottesbildern fast ausschließlich männliche Attribute (Kennzeichen) beigegeben sind. Und viele haben das Bedürfnis, wenn schon menschliche Bilder auf Gott projiziert werden, dann sollten es männliche und weibliche sein.

So ist die „ruach" – die „Geistin" – im Hebräischen als Frau, die neues Leben im Mutterschoß webt, als Gebärerin, als Schöpferin und Bewegerin bewußt geworden.

Der Text in Joel 3,1–2 (ruach = Geistin, weiblich) und Apg 2,16–18 (pneuma = Geist, Neutrum) weiß von diesem Geist Gottes, der „Geistin" auf allen Menschen, gleich welchen Geschlechts, welcher Rasse und Klasse. Hier gibt es kein Amtscharisma.

▷ In der Gruppe kann besprochen werden, was jede am Text schätzt. Weitere Geisttexte, die „Geist"/"Geistin"-Wirken beschreiben, können dazu genannt werden oder in einer Konkordanz gesucht werden.

3. Gruppe: Die Kirche als vielgestaltiger Leib Christi
Schließlich ist die Wertschätzung des Leibhaften stark prägend für weibliche Spiritualität auf dem Boden der Bibel geworden.

Das Bild von der Kirche als Leib, als lebendiger Organismus entspricht dem, wofür viele Frauen sich heute einsetzen (vgl. 1 Kor 12 und Röm 12). Gal 3,28 verkörpert für viele diese Vision vom vielgestaltigen Leib. Herrschaftsbeziehungen sollen in ein Miteinander, sowohl gesellschaftlich wie auch im Blick auf die Geschlechter gewandelt werden.

▷ Der Text von Gal 3,28 wird von der Gruppe dahingehend ausgelegt, wie er sich für sie konkretisieren kann oder wo er sich schon realisiert hat.

d. Abschluß der Bibelarbeit

▷ Jede nimmt in die eine Hand eine Perle, in die andere eine „Träne" (klare Perle) und besinnt sich: Mir macht noch zu schaffen oder manchmal traurig in meinem eigenen geistlichen Weg ..., aber andererseits spüre ich auch an Kostbarem ...
Die stille Besinnung kann in Dank oder Bitte enden.

▷ Alternative für einen Abschluß oder eine Vertiefung
Stellvertretend für die drei Aspekte der biblischen Überlieferung kann jede Frau unter drei entsprechenden Bildern eines auswählen und den dazu gehörenden Aspekt für sich vertiefen:

– Bild: eine biblische Frauengestalt (von der Leiterin ausgewählt)
An der biblischen Frauengestalt ersehen, was mich heute ermutigt.

– Bild: Geistin (siehe S. 90)
An der Geistin erspüren, worin sie stärkt, sich aussagt auf mich/uns hin.

– Bild: Bischof Severin mit Frau und Tochter (siehe S. 91)
An den Frauen, die gleichgroß neben dem Amtsträger stehen, die Vielgestaltigkeit von Kirche als Leib von Männern und Frauen beachten.

Fresko an der Decke der Herz-Jesu-Kapelle der oberschwäbischen Ba-
rockkirche in Gutenzell, 1769 oder 1770. Der Hl. Geist wird hier nach
gängiger Auffassung in Gestalt eines Jünglings dargestellt. Für mich
und andere kann es aber von der Gestalt her sehr gut eine Frau meinen,
zumal in Gutenzell auch in der Hauptkirche Frauengestalten hervorra-
gende Plätze in der Gestaltung der Fresken einnehmen (ein Hinweis auf
das Selbstbewußtsein der Schwestern?).

Bischof Severin mit Frau und Tochter, Severin-Kirche, Erfurt

Anneliese Hecht

Den Bibeltext lesen – und wie?

14 Möglichkeiten, den Text zu lesen

Bei jeder Bibelarbeit wird zu Anfang oder nach einer Hinführungs-
oder Motivationsphase der Bibeltext gelesen. In vielen Gruppen geschieht dies immer auf die gleiche Weise: „Wer liest heute?" oder: „Lesen wir reihum, jede/r einen Satz."

Beide Methoden des Lesens haben ihre Vorteile (Bei der ersten wird
sich in der Regel jemand melden, der/die gut vorlesen kann. Bei der
zweiten Methode wird sichtbar, daß jede/r aus der Gruppe etwas zum
Ganzen beitragen kann.)

Aber die immer gleiche Form birgt die Gefahr in sich, daß die Gruppe in ihrem immer gleichen Muster bleibt und Noch-nicht-gekannt-
und-Gewußtes im Text schwerer entdecken kann. Liest jemand anders,
schweift ein Teil der Gruppe mit den Gedanken oft ab. Liest man reihum, starren Ängstliche schon darauf, welches ihr zu lesender Satz sein
wird und können die anderen Sätze häufig dann gar nicht aufmerksam
und entspannt aufnehmen.

Durch die Abwechslung beim Lesen können die Gruppenmitglieder oft
leichter auf den Text hören und ihn neu wahrnehmen, vor allem dann,
wenn der Text sehr bekannt ist.

Texte sprechen uns auf verschiedenen Ebenen an, erfordern verschiedene Wege der Bibelarbeit, um ihre Botschaft freizugeben. Verschiedene Formen des Lesens können uns schon dabei helfen, einem
Text „auf die Spur zu kommen". Im folgenden werden nun vielfältige
Formen, einen Bibeltext zu lesen, stichwortartig vorgestellt, immer in
folgendem Dreischritt:

– Beschreibung der Methode
– Vorteile (+)
– Mögliche Nachteile (–)

1. Alle lesen den Text laut

Varianten:
– Alle lesen gemeinsam.
– Alle lesen in ihrem je eigenen Tempo mit großer Aufmerksamkeit.
– Alle lesen im Raum herumgehend (so durch die Nachbarn nicht so gestört im eigenen Aufnehmen, höchstens durch Wortfetzen).
– Alle lesen sehr langsam und wiederholen beim Lesen Sätze oder besonders Wendungen, die nicht verstanden wurden oder besonders aufgefallen sind, besonders lieb, besonders ärgerlich …

+ Gleichzeitiges Hören und Sehen bezieht mehrere Sinne ein.
Im eigenen Rhythmus und Tempo lesen, bedeutet: besser beteiligt sein, selbst gefordert sein.
– Die andere Artikulation, das andere Tempo der Nachbarn stört manche in der eigenen Aufmerksamkeit. (Deshalb zum Beispiel im Raum gehen.) Das verliert sich aber meist bei häufigerer Anwendung. Man gewöhnt sich daran.

2. In verschiedenen Übersetzungen lesen

Varianten:
– Jeder Satz des Bibeltextes wird in 2–3 Übersetzungen gelesen.
– Abschnitte oder der ganze Text werden nacheinander in 2–3 verschiedenen Übersetzungen gelesen.
– Nur bestimmte Wendungen, die im Text bedeutsam sind, werden in verschiedenen Übersetzungen gelesen (z. B. bei der Hochzeit zu Kana: „Was habe ich mit dir zu schaffen, Weib!" – „Was ist zwischen mir und dir?" – „Was ist dir und mir?" …)

+ Verschiedene Bedeutungen werden besser erfaßt. Man hat nicht nur eine Deutung und Sicht. Man überhört den Text nicht durch das Gewohnte der bekannten Übersetzung und hört in der fremden andere Aspekte des Textes.

– Bei längeren Texten braucht diese Methode zu viel Zeit und erfordert die Aufmerksamkeit über einen langen Zeitraum, so daß sie nachläßt. Die Vielfalt des Wahrgenommenen ist manchmal für Ungeübte zu viel. Sie können es nicht mehr bündeln.

3. Sätze wiederholend lesen

Es wird reihum gelesen. Die/der erste liest den ersten Satz. Die/der zweite den ersten Satz und den zweiten. Die/der dritte den zweiten Satz und den dritten, usw.

+ Die Wiederholung verlangsamt die Aufnahme und läßt so gut wahrnehmen. Sie trägt zur guten Einprägung bei.

− Bei sehr langen Texten eignet sich die Methode aus Zeitgründen und von der inneren Aufmerkfähigkeit her nicht so sehr.

4. Sätze und Wendungen mit verschiedener Betonung lesen

Der Text wird Satz für Satz gelesen. Nach jedem Satz oder Abschnitt können die Teilnehmer/innen verschiedene Betonungen von Sätzen oder Wendungen hören lassen.

+ So werden die Klangfarben und Bedeutungsmöglichkeiten von Texten gut erhoben. So helfen die Gruppenmitglieder einander bei der aufmerksamen Wahrnehmung: Ah, so kann das auch lauten! So kann das auch gemeint sein …

− Keine Nachteile.

5. Sätze, Wendungen und Worte wiederholen, die einzelne gefühlsmäßig ansprechen

Der Text wird abschnittsweise gelesen. Nach jedem Abschnitt oder am Schluß des Textes können einzelne laut Sätze oder Teile daraus nennen, die sie selbst am stärksten erreichen, trösten, herausfordern, ärgern, aufregen …

+ Alle sind beim Lesen und Aufnehmen angefragt und gemeint. Alle werden zur intensiven Begegnung mit dem Bibeltext motiviert. Alle sollen Stellung beziehen in diesem Dialog mit dem Text.

− Die Methode wird häufig bei Bibel-Teilen-Gruppen praktiziert, manchmal Echo-Gebet genannt. Bei manchen wenigen entsteht dadurch der Eindruck, es komme vor allem nur darauf an, was mich anspricht, und das andere sei nicht so wichtig

In einigen Fällen entdeckt eine Gruppe bei häufiger Anwendung dieser Methode auch immer nur die gleichen eigenen Lieblingsthemen und läßt sich nicht auf Neues, Herausforderndes ein.

6. Satz für Satz lesen und aktualisieren

Die Gruppe liest Satz für Satz den Bibeltext in einer gängigen Übersetzung und „übersetzt" Satz für Satz oder einzelne Sätze eines Abschnittes in die eigene (Umgangs-)Sprache, unter Umständen auch in den Dialekt.

Eine Variante: Nach jedem Satz einen Satz äußern, der möglicherweise mitgedacht und mitgemeint ist.

+ Der Sachverhalt eines Textes wird oft zutreffender erfaßt, wenn er selbst in anderen Worten formuliert werden soll. Wo der Bibeltext zum Beispiel eine deftige Sprache und Szene gestelzt oder geschönt wiedergibt, kann so besser ein Zugang zum Textgeschehen gefunden werden.

Beispiel: Psalm 73 enthält vom Beter her viel Ärgerliches, das ihm zu schaffen macht, so manche abschätzige Urteile. Eine Aktualisierung macht sichtbar, was dahinter ist. Die Methode wird vor allem gewählt werden, wenn man an Sachverhalte nicht herankommt oder der Text sehr parteiisch ist und polemisiert. Auf jeden Fall werden die Gruppenmitglieder sehr schnell im Textgeschehen mittendrin sein als Betroffene und als solche, die Stellung beziehen.

– Es kann mancherlei so in den Text hineingelesen werden. Darum seien Sie bei dieser Methode sehr aufmerksam, wo eigene Projektionen eingetragen werden!!! Dann verringert sich diese Gefahr, und die Vorteile überwiegen.

7. Text-Lesen verbinden mit ersten Textbeobachtungen

Der Text wird laut oder leise abschnittsweise gelesen. Nach jedem Abschnitt wiederholen die Teilnehmer/innen bestimmte Sätze/Wendungen/Worte, die sie in irgendeiner Beziehung zueinander sehen. Sie können nennen: Wortfelder (z. B. Worte des Gehens), wiederholende Wendungen, Steigerungen, Kontraste, Besonderheiten und Auffälligkeiten. Die einzelnen sagen die Wendungen nur so, wie sie die Beziehung entdecken, ohne zu erklären, wie sie es meinen, damit das Lesen nicht unterbrochen wird. Die anderen erfassen die Zusammenhänge von sich aus, je nachdem, was sie aufnehmen können und wollen.

+ Die Methode motiviert dazu, sehr aufmerksam die inneren Textstrukturen zu sehen. Sie bereitet gezielt eine darauf folgende Textarbeit vor. Sie verbindet kreatives Entdecken mit dem (rezeptiven) Hören, kombiniert also mehrere Fähigkeiten miteinander. Sie macht meist Freude, weil die Teilnehmer/innen viele Dinge entdecken, die sie nie vermutet hätten.

Dadurch werden die Gruppenmitglieder oft zu weiterem Engagement ermutigt.

– Keine wirklichen Nachteile. Der Text wird gleichsam unter bestimmten Vorzeichen gesehen, unter analytischen, verstandesmäßigen Gesichtspunkten. Die persönliche Wahrnehmung kommt dagegen weniger zum Zug.

8. Bündelnde Sätze/Worte nach abschnittsweisem Lesen

Der Text wird abschnittsweise gelesen, von einzelnen laut oder allen leise. Nach jedem Abschnitt benennt jeder laut (oder auf einem Blatt) ein Wort oder eine oder zwei Wendungen, die das Thema bzw. die wichtigste Botschaft des Absatzes bündeln.
Anspruchsvollere Fortsetzung:
Am Schluß kann jede/r für sich auf einem Blatt die Begriffe/Wendungen in einer grafischen Skizze anordnen, wie sie sich für sie/ihn zueinander beziehen (Fachbegriff der Methode: mind map).

+ Das (passive) Aufnehmen des Textes wird durch (aktives) eigenes Formulieren, durch das zusammenfassende überschauende Bündeln verbunden. Dadurch kommt es zu einem sehr kreativen, intensiven Aneignen der Textinhalte. Das eigenständige Erfassen befriedigt. Die verschiedenen Lösungen der einzelnen aktivieren zum noch besseren Hinschauen und Diskutieren der verschiedenen Lösungen. Die Umsetzung drängt dazu, die Inhalte zu erfassen.

– Für Anfänger in der Bibelarbeit ist die Methode zu anspruchsvoll.

9. Den Text mit Symbolen markieren – Västeras-Methode

Der Text wird laut oder still gelesen, ganz langsam. Dabei und danach markieren die Teilnehmer/innen am Rand

? , ein Fragezeichen für Textstellen, die sie nicht verstehen;

! , ein Ausrufezeichen dort, wo ihnen eine wichtige Einsicht/Erkenntnis im Blick auf den Text aufgeht;

→, ein Pfeil zeigt an, wo der/die Betreffende sich persönlich angesprochen weiß.

Diese Vorstrukturierung eines Textes kann als Grundlage für eine Textarbeit dienen.

Selbstverständlich kann ein Text beim Lesen auch durch andere Symbole gekennzeichnet werden und so visuell die Bezüge aufzeigen. Vor allem bei Psalmen eignet sich eine solche Methode, um die Art der Bilder und Motive gut zu erfassen.

+ Die Methode spricht sowohl analytische wie emotionale Seiten an, ermöglicht also Zugänge auf verschiedenen Ebenen.

– Keine Nachteile.

10. Den Text lesen und hören aus der Perspektive von (biblischen) Personen

Um selbst in die Auseinandersetzung mit dem Textgeschehen zu kommen, eignet sich ein Lesen und Wahrnehmen aus Sicht einer biblischen Person.

Entweder liest ein Gruppenmitglied vor und die anderen hören aus Sicht einer biblischen Person, z. B. Lk 7, 35ff aus der Sicht der Sünderin, Simeons, Jesu, der Gäste ... oder beim 2. Korintherbrief aus der Sicht des Paulus und aus der Sicht seiner Gegner.

Der Text kann auch mehrfach gehört werden, jedesmal aus der Sicht einer anderen Person (maximal 3mal). Nach jedem Lesen kann eine kurze Äußerungsphase, was dieses Hören bewirkte, die Ergebnisse sichern und verdeutlichen.

Alternative:
Der Text kann auch gelesen werden aus der Sicht bestimmter heutiger Gruppen, z. B. ein wirkungsgeschichtlich belasteter Text aus der Sicht der Frauen, der Männer, der Kircheninternen, derer „draußen" ...

+ Die Methode eignet sich gut im Bibliodrama, wo ein enger Zusammenhang zwischen eigener Lebensgeschichte und -wirklichkeit und der Lebens- und Glaubensgeschichte des Textes erreicht werden soll. Sie ist hilfreich vor allem bei Texten, die zu einer Stellung– und Parteinahme geradezu herausfordern, z. B. beim Gleichnis vom Pharisäer und Zöllner, beim Gleichnis vom barmherzigen Samariter ... Die Teilnehmer/innen kommen rasch ins Textgeschehen hinein.

– Keine Nachteile.

11. Rollenverteiltes Lesen

Ein Erzähltext, in dem sich mehrere Personen äußern, wird nach Verteilung der Rollen von Gruppenmitgliedern gelesen. Eine Stimme ist der Erzähler. Wörtliche Rede wird von denjenigen gelesen, die die entsprechende biblische Person „verkörpern".

+ Der Text wird lebendiger aufgenommen, die Dialoge werden „sicht"barer. Die Charaktere kommen deutlicher hervor. Zu einer eigenen Stellungnahme wird motiviert.
  Gefühle, die sich mit bestimmtem Verhalten oder Äußerungen verbinden, werden spürbarer.

– Keine Nachteile.

12. Szenisches Lesen des Textes

Der Text wird (wie in 11) auf Rollen verteilt gelesen. Aber zusätzlich machen die Teilnehmer/innen in ihren Rollen durch die Nachvollziehung der Raumbewegungen des Textes die inneren Bewegungen des Textes sichtbar. Es handelt sich also nicht um ein freies Rollenspiel, sondern nur um den Text im Ausdruck. Aber alle nachvollziehbaren Gesten und Bewegungen des Textes (oben – unten, Distanz und Nähe, aggressiv oder annehmend) werden ausgedrückt. Die Teilnehmer/innen, die keine Rolle haben, sehen genau hin und hören genau hin, wie sich das Textgeschehen vollzieht. Sie lesen nicht selbst im Text mit.

Manchmal empfiehlt es sich, im Anschluß an das szenische Lesen die Bewegungen des Textes in ihrer Abfolge gleich noch einmal wiederholend (ohne Worte) in den Raum zu stellen, um gut die Bewegung von Anfang bis zum Schluß nachzuvollziehen. Die Teilnehmer/innen treten dann bewußt aus den Rollen heraus.

Im Anschluß trägt die Gruppe zusammen: Was haben wir gesehen? Was haben wir gehört? Von wo nach wo hat der Text seine Adressaten zu bewegen versucht? (Mit wem fängt er an? Mit wem hört er auf?). In welchen Dimensionen (oben – unten, weg – zusammen) bewegt sich das Geschehen? Wozu bewegt uns der Text?

In einem zweiten Schritt empfiehlt sich besonders bei gefühlsmäßig vorbelasteten Texten folgende Ergänzungsmöglichkeit: Hinter die Akteure, die nur das Textgeschehen wiedergeben, können sich andere Gruppenmitglieder stellen, die die Gefühle und Gedanken der biblischen Personen wiedergeben, die wir bei ihnen vermuten. Es sind also unsere eigenen Projektionen, die wir in die Geschichte beim Lesen hineinlegen. Sie werden bei dieser Methode sichtbar gemacht und getrennt vom Text gesehen. Vorne spielt die Textebene, hinter dieser wird unsere Gefühls– und Erfahrungsebene sichtbar. Nach kleinen Sinnabschnitten (1–3 Versen) wird die Lesung jeweils durch die Leitung gestoppt, und es wird eingeladen zur Äußerung der „Gedanken" und „Gefühle" der biblischen Personen: „Stopp! Ich denke oder fühle als Petrus, als Jakob, als Sara …".

+ Das szenische Lesen (ohne die Ergänzung durch eigene Projektionen) ist eine Methode der Texterarbeitung. Sie bleibt im Gegensatz zum freien Rollenspiel, bei dem wir auch viel Eigenes in den Text eintragen, beim Text und seinen Strukturen, seinen Bewegungen, seinen Räumen. Sie macht sehr gut Textzusammenhänge und vor allem Entwicklungen und Beziehungen von Personen sichtbar. Oft zeigt sie unmittelbar, wohin uns ein Text bewegen will, allein dadurch, daß wir uns im wörtlichen Sinn den Text vor Augen stellen. Diese Form eignet sich auch gut als Einstieg in ein Bibliodrama.

– Bei der Ergänzungsmöglichkeit durch eigene Gedanken und Gefühle muß die Leitung kompetent genug sein, um Menschen zu begleiten, bei denen etwas Inneres aufbricht, und ihnen beim nächsten Schritt hilfreich zu sein.

Bei der Ergänzungsmöglichkeit können die subjektiven Äußerungen von Teilnehmer/innen manchmal als Textbotschaft mißverstanden werden.

13. Den Text hören und durch eigene Körperbewegungen ausdrücken

Der Leiter/die Leiterin liest sehr langsam den Text. Die Teilnehmer/innen stehen im Raum und vollziehen Gesten und Bewegungen des Textes im Körperausdruck nach. Oft hilft es, wenn dies mit geschlossenen Augen geschieht, damit jede/r ganz bei sich sein kann, sich nicht beobachtet fühlt und nicht gestört durch die Übung der anderen. Bei solch einem persönlichen Zugang muß immer auch ermöglicht werden, daß jemand die Übung nicht mitvollzieht, wegen einer inneren Barriere oder weil ihr/ihm dieser Zugang nicht liegt. Die geschlossenen Augen schützen die einen und die anderen. Die Methode verlangt eine angstfreie, vertrauensvolle Atmosphäre.

+ Wie beim szenischen Lesen handelt es sich um ein sehr intensives, ganzheitliches Aufnehmen des Textgeschehens durch mehrere Sinne. Vieles vom Text wird so unmittelbar erfahrbar und erspürbar, erreicht uns sehr dicht. Auch Textbeobachtungen, die sonst oft schwer zu entdecken wären, werden so oft vorbereitet.

− Manche fühlen sich gehemmt oder tun das als überflüssigen „Kindergartenzinnober" ab. Sie müssen dafür gewonnen werden, daß es infolge der Vielfalt der Menschen auch vielfältige Zugänge gibt, die der Begegnung mit dem Bibeltext dienlich sind. Sie sollen selbst nicht gedrängt werden zu solch einem Zugang, aber auch nicht andere zwingen nur zu den Methoden, die ihnen selbst hilfreich sind.

14. „Hörspiel"

Nach dem ersten Lesen des Textes äußern die Teilnehmer/innen in freiem Zueinander beliebige Textwendungen und Sätze aus dem Text, so daß andere Kombinationen entstehen. Immer schon Gehörtes wird so neu wahrgenommen. Es werden Textbeziehungen entdeckt, die innerhalb der Textreihenfolge oft nicht bemerkt werden. Gut für diese Methode ist der Stuhlkreis (Dichte spüren und „Textgeflecht" in der Mitte, das durch die Äußerungen entsteht). Unter Umständen können die Worte mit Gesten unterstützt werden.

+ Der Text kann als „Textil" – als Handlungs– und Motivgewebe – gut durchgespürt werden. Die je neuen Kombinationen regen unsere Phantasie an und lassen Nichtgesagtes mitschwingen. Die Methode macht Freude und ermutigt zu weiterem kreativen Umgang. Der Text wird frei bewegt und nicht gleich für eine bestimmte Botschaft vereinnahmt. Das Spielerische löst aus der Gefahr der Verzweckung.

− Manche haben etwas Angst, daß dem heiligen Text durch den spielerischen Umgang nicht genug Achtung entgegengebracht wird. Aber wenn dafür gut motiviert wird, verschwindet auch diese Sorge.

Die Herausgeberinnen:

Dr. Bettina Eltrop, geb. 1961, Promotion über „Kinder im Matthäusevangelium", seit 1994 Referentin im Kath. Bibelwerk e.V. in Stuttgart mit dem Schwerpunkt Redaktionen, Bibelarbeit mit Frauen und Familien, Bibel und Tanz.

Dipl.-Theol. Anna-Elisabeth Hecht, geb. 1954, seit 1982 Referentin beim Katholischen Bibelwerk e.v. mit den Schwerpunkten: Kurse für Methoden der Bibelarbeit in Gruppen, vor allem text- und lebensbezogene Zugänge, wie erfahrungsorientierte Ansätze, Bibliodrama, Ausdruckstanz, Biblische Figuren.

Dr. Hedwig Lamberty-Zielinski, geb. 1957, Promotion über das Schilfmeermotiv im Alten Testament, seit 1990 Theologische Referentin für die Kath. Frauengemeinschaft im Erzbistum Köln, Supervisorin.

Dr. Gabriele Theuer, geb. 1965, Promotion im Alten Testament über Mondgottheiten im altsyrischen Raum und in Palästina, Referentin für den Grundkurs Bibel in der Diözese Rottenburg-Stuttgart, Tätigkeit in der biblischen Erwachsenenbildung.

Die Verfasserinnen:

Dipl.-Theol. Mechthild Alber, bisher Referentin für Ehe und Familie bei der Diözese Rottenburg-Stuttgart, freie Referentin in der theologischen Erwachsenenbildung.

Dr. Bettina Eltrop, s. o.

Dr. Martina Eschenweck, geb. 1963, Promotion über den Freisinger Bibelintensivkurs, Pastoralreferentin, Tätigkeit in der kirchlichen Erwachsenenbildung.

Prof. Dr. Irmtraud Fischer, geb. 1957, seit 1997 Professorin für Altes Testament und Theologische Frauenforschung an der Universität Bonn.

Dipl.-Theol. Anna-Elisabeth Hecht, s. o.

Dipl.-Theol., Dipl.-Päd. Petra Heilig, geb. 1963, Aufbaustudium Feministische Befreiungstheologie in den USA, Erwachsenenbildungstätigkeit, seit 1995 Bildungsreferentin bei der Arbeitsgemeinschaft Kath. Studentinnen und Hochschulgemeinden (AGG) in Bonn.

Dr. Claudia Janssen, geb. 1966, Vikariat in der Hannoverschen Landeskirche, unterrichtet Neues Testament am Forschungsschwerpunkt Feministische Befreiungstheologie an der Universität Gesamthochschule Kassel.

Katja Kerstings Beitrag entstammt dem Reader der Projektbeiträge zur Sommeruniversität 1987 in Kassel zum Thema „Schuld und Macht in der Perspektive feministischer Befreiungstheologie" und wurde von Bettina Eltrop und Marliese Walter bearbeitet und durch eine praktische Bibelarbeit ergänzt.

Anneliese Knippenkötter, geb. 1932, bis 1997 verantwortliche Redakteurin der Zeitschrift „Frau und Mutter", Veröffentlichungen zu Fragen der Liturgie, der Frauenarbeit in Kirche und Gesellschaft und zu moderner Lyrik.

Dr. Gabriele Theuer, s. o.

Marliese Walter; Hauswirtschafterin und Erwachsenenbildnerin, Schwerpunkte: Bibelarbeit in der Gemeinde, Frauenkreise und Trauerbegleitung.

Beate Wehn, geb. 1970, Wissenschaftliche Mitarbeiterin im Feministischen Befreiungstheologischen Archiv in Kassel; promoviert zu „Gewalt gegen Frauen in den apokryphen Apostelakten".

Der Redaktionskreis:

Dr. Ulrike Bechmann, Stein, geb. 1958, Theologische Referentin und Geschäftsführerin des Deutschen Weltgebetstagskomitees

Dr. Bettina Eltrop, s. o.

Msgr. August Gordz, Düsseldorf, geb. 1927, Pfarrer

Dipl. Theol. Anneliese Hecht, s. o.

Doris Henseler, Geschäftsführerin des Klens Verlag GmbH

Dr. Hedwig Lamberty-Zielinski, s. o.

Hedi Pelletier, geb. 1955, Pastoralreferentin, seit 1993 in der Frauenarbeit, geistliche Begleiterin der Kath. Frauengemeinschaft Deutschland im Dekanat Kyllburg/Eifel

Annegret Puttkammer, evangelische Pfarrerin in Wiesbaden-Dotzheim

Dipl.-Theol. Gabriele Theuer, s. o.

Marliese Walter, Schwendi/Oberschwaben, s. o.

Dipl. Theol. Herbert Wilfart, Stuttgart, geb. 1948, Lektor im Verlag Katholisches Bibelwerk

FrauenBibelArbeit

Die neue Reihe für engagierte Frauen

FrauenBibelArbeit
- ◆ von Frauen für Frauen
- ◆ greift persönliche Lebensfragen von Frauen auf
- ◆ macht Frauen kompetenter in Glaubens- und Bibelfragen

Frauen**Bibel**Arbeit
- ◆ eine Fundgrube für Frauenthemen in der Bibel
- ◆ vermittelt biblische Visionen
- ◆ ein Weg zu vertiefter Spiritualität und Selbstfindung in der Bibel

FrauenBibel**Arbeit**
- ◆ die praktische Arbeitshilfe für biblisch interessierte und engagierte Frauen
- ◆ bietet neue Inhalte, Methoden und Ideen für Gruppen in der Gemeinde und in der Bildungsarbeit
- ◆ zeigt auf, was Frauen zur Bibel wissen und erarbeitet haben

Die Themen des ersten und dritten Bandes

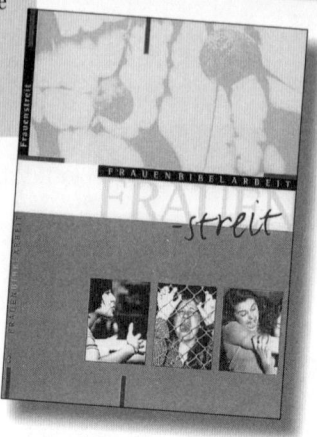

Bibliographische Angaben

Die Bände der neuen Reihe erscheinen halbjährlich:
Format: 14,5 x 21,0 cm;
ca. 80 Seiten, kartoniert